Speedway Public Library

Speedway, Indiana

Presented by

Speedway Lion's Club

¡El DINERO que Hay en Ti!

Una rama de
HarperCollinsPublishers

¡El DINERO que Hay en Ti!

Descubre Tu Personalidad Financiera y Vive Como un Millonario

Julie Stav

con Gabriel Sandler

TRADUCIDO POR OMAR AMADOR

Este libro fue diseñado con el propósito de ofrecerle al lector un retrato general de los mercados financieros y cómo funcionan. No es una guía para invertir ni reemplaza los consejos de su asesor personal de finanzas. Dado el riesgo que existe en cualquier tipo de inversión, no hay ninguna garantía de que los consejos financieros que aparecen en este libro lleven a una ganancia. Por lo tanto, ni la autora ni el editor asume responsabilidad por ningún tipo de pérdida que pueda ocurrir al aplicar los métodos estipulados en este libro.

PRIMERA EDICIÓN

Diseño del libro por Stephanie Huntwork

Este libro fue publicado originalmente en inglés en el año 2006 en los Estados Unidos por Rayo, una rama de HarperCollins Publishers.

Library of Congress ha catalogado la edición en inglés.

ISBN 13: 978-0-06-089326-2
ISBN 10: 0-06-89326-5

06 07 08 09 10 DIX/RRD 10 9 8 7 6 5 4 3 2 1

Para Danny, Tony, Brit y Jonathan

CONTENIDO

. . . .

INTRODUCCIÓN

¿En alguna ocasión te has preguntado por qué parece que ciertas personas multiplican su dinero como si fuera conejitos, mientras que otras a duras penas logran pagar sus deudas? ¿Te resulta difícil entender cómo es que tu cónyuge puede dormir a pierna suelta mientras que a ti la preocupación por el dinero te hace dar vueltas en la cama toda la noche? ¿Dónde están las respuestas que necesitas para evitar los errores o, como nos sucede a muchos, salir del atolladero económico en que te encuentras? Todos sabemos que los libros sobre finanzas tratan precisamente de eso: de asuntos financieros. Los buenos pueden ayudarnos a entender el lenguaje del mundo de las finanzas, nos enseñan técnicas para crear dinero, cuándo comprar, cuándo vender. Pero hay mucho más que eso...

Nuestra personalidad, temperamento, esperanzas y temores son partes inherentes de nuestra relación con el dinero. Durante mis años de experiencia como planificadora financiera, autora de libros sobre inversiones, maestra y presentadora de programas de televisión y de un espacio radial financiero de llamadas del público, he aprendido que es imposible lograr una verdadera y permanente independencia financiera si tratamos de resolver sólo uno de esos problemas a la vez. Los sentimientos y las finanzas están interconectados de forma inevitable.

Inclusive en el mercado de acciones, la mayoría de los inversionistas exitosos saben que las fortunas se hacen y se deshacen debido sobre todo a que las decisiones financieras se toman "en masa." Es por eso que los expertos del mercado han desarrollado indicadores sicológicos para medir la cantidad de miedo, avaricia y esperanza de los inversionistas. ¿Has oído hablar de los operadores del día *(day traders)*? Estos oportunistas del mercado bursátil compran y venden acciones al aprovecharse del ímpetu emocional que hace que el precio de una acción suba o baje a lo largo de veinticuatro horas. Sus decisiones de inversión no se basan en el análisis fundamental de las ganancias por crecimiento o rendimiento sobre el patrimonio neto de las acciones de una compañía; por el contrario, estos especuladores alimentan la agitación que se produce cuando se crea una cierta atmósfera de expectativas alrededor de una acción en particular, a menudo sin tener en cuenta si esa acción cuenta con las características que la harían merecedora de esos aumentos de precio. Las decisiones que tomamos respecto al dinero están determinadas en parte por nuestros propios rasgos de personalidad, y los inversionistas exitosos han aprendido a actuar sin que esas características les causen complicaciones. ¡Hasta el mercado bursátil tiene su propia personalidad!

"Eso es muy complicado para mí," tal vez me dirás. "Yo sólo sé que resolvería todos mis problemas si supiera cómo voy a pagar el alquiler del mes entrante." Si crees eso, bájate de esa nube. Tu problema *inmediato* quizás se resuelva cuando encuentres el dinero que necesitas para el alquiler, pero podrías hallar una solución *permanente* a tus preocupaciones cuando descubras los puntos fuertes de tu personalidad y cómo están relacionados con tus decisiones financieras. Si hasta los inversionistas que trabajan con las grandes corporaciones (lo que yo llamo "los hipopótamos") y los magnates del mercado reconocen la importancia de las emociones en la toma de decisiones financieras, ¿cómo podemos nosotros dar por descontada la trascendencia de este hecho en nuestras propias transacciones personales de dinero?

Las recetas automáticas de qué hacer y qué no hacer con nuestro dinero no valen nada si no nos damos cuenta de la fuerzas invisibles, pero poderosas, que nos impulsan hacia nuestras metas o nos alejan de ellas. Hay investigaciones que muestran que esta fuerza no tiene nada que ver con la inteligencia, la lógica, el nivel de educación, la edad ni el origen étnico. Pero está muy relacionada con nuestro comportamiento genético y nuestro tipo de personalidad.

Cada uno de nosotros se relaciona con el dinero de una forma especial, y cuando comprendemos la relación personal que tenemos con él y cómo nuestro temperamento influye en nosotros, vamos por buen camino hacia la independencia financiera. Una vez que sepamos cómo sacar a la luz y enfrentar nuestras ideas más escondidas sobre el dinero, podremos dar más importancia a los conceptos que nos acercan a nuestro objetivo y minimizar los que perturban nuestras vidas.

En este libro te ayudaré a entender la raíz de tus decisiones (o indecisiones) económicas mediante estrategias prácticas que identificarán tus puntos fuertes. Cuando hayas determinado cuál es tu personalidad con relación al dinero, usa la lista de alternativas financieras que son más apropiadas para tus instintos naturales y cultiva tus ventajas y no tus desventajas. Permíteme mostrarte cómo aumentar al máximo lo que ya tienes. Después de todo, ¿por qué vas a insistir en escribir como los zurdos si eres diestro?

¿Difícil, te parece? Nada de eso. Puede que lo descubras desde el primer capítulo, o quizás cuando hayas avanzado más en el libro, pero el "código Da Vinci" de tu independencia económica, la clave secreta para abrir la puerta dorada de tu seguridad financiera, está en la páginas de este libro—si estás dispuesto a mirar la imagen que te ofrece el espejo como si la vieras por primera vez. Te invito a que me acompañes en la búsqueda de un tesoro. Juntos, encontraremos la mágica pieza perdida de tu rompecabezas financiero—¡tu "yo" verdadero!

Las
Personalidades

1

LA IMPULSIVA

Había una vez una compradora Impulsiva…
Anillos de diamantes, zapatos de Blahnik, modelitos
de Dior…
¡Dios mío, cuánto tienen las tiendas! ¡Y todo es un
amor!
Ella lo quiere todo… aunque su crédito grite:
"¿Cuándo vas a parar?"
Pero este libro la salvará de la tiranía del comprar y
comprar…

Esperanza era una mujer muy exitosa en su empleo como representante de relaciones públicas. Era elegante y culta, tenía amigos muy bien situados, una inmensa ambición por salir adelante y una gran pericia en eso de ganarse la simpatía de la gente en un ambiente de trabajo. Saber que los demás respetan su opinión le da una confianza enorme en sí misma.

Al final de un largo día de trabajo, luego de acomodarse en el asiento trasero del taxi que la llevaría a su apartamento—pequeño, pero muy bien decorado—se dio a la tarea de revisar mentalmente todo lo que había logrado esa tarde. Cerró los ojos y recordó con placer los merecidos elogios que le dedicaron al final de una reunión con el departamento creativo de su empresa.

Y parecía que, sin duda, la presentación del día siguiente también sería igual de exitosa. El plan de Esperanza—que, al igual que su nombre, estaba constantemente "esperando" que la vida cumpliera todos sus sueños—era conseguir para su compañía la cuenta más grande de su historia. Al pensar en eso, no podía evitar que la cabeza le diera vueltas de tanto orgullo que sentía al imaginarse el inmenso respeto y el reconocimiento que este acuerdo le traería... ¡Y no hablemos de la maravillosa bonificación que le darían por conseguir ese cliente! Había nuevas esperanzas en el camino de nuestra Esperanza...

Ella había logrado triunfar gracias a la sagacidad que había demostrado al crear su excelente equipo de trabajo, y la meticulosidad que demostraba siempre la había convertido en una supervisora indispensable. Parecía mentira que hubieran pasado ya dos años desde el inicio del proyecto, pero el probable resultado de la presentación del día siguiente demostraría que todo el esfuerzo había valido la pena. ¡Iba a recoger los frutos de una labor muy bien realizada!

En eso, mientras el taxi avanzaba con cierta dificultad en medio de las calles siempre abarrotadas de la zona comercial de la ciudad, Esperanza distinguió a lo lejos, como si una luz especial lo destacara en medio del grisáceo panorama de la ciudad, un objeto supremamente bello. Sus asombrados ojos se clavaron de repente en un esquelético maniquí colocado en la elegantísima vidriera de una lujosa tienda por departamentos. "¡Pare, pare!," gritó al tiempo que le lanzaba el dinero al atolondrado chofer. "¡Aquí me quedo!"

A medida que cruzaba a zancadas la ruidosa calle y se acercaba a la tienda, vio su propio reflejo en el cristal... vistiendo ese fabuloso traje sastre de diseñador que llevaba el maniquí. Se quedó pasmada. Cada puntada del modelo decía: "¡éxito, poder, seguridad!," exactamente el tipo de imagen que ella estaba decidida a proyectar durante la reunión del día siguiente.

Sin vacilar ni un segundo, Esperanza entró corriendo a la tienda y fue directamente hacia el exquisito departamento de ropa femenina donde la esperaba aquel tesoro. Estaba tan ansiosa que desarregló la ordenada hilera de percheros mientras buscaba nerviosamente entre ellos. ¡Ay, Dios mío! ¡Tienen su talla! ¡Es *perfecto!* Ni Carolina Herrera habría podido escogerlo mejor y hasta la mismísima Coco Chanel la habría felicitado...

Luego de probárselo en el vestidor y mientras caminaba tras la vendedora para ir a pagarlo, un pensamiento fugaz le pasó por la mente. Era un traje absolutamente maravilloso, envidiable, hecho para ella, quizás la creación de alta costura femenina más perfecta que había visto... ¡Pero qué caro era! En otra ocasión en que había gastado tantísimo dinero, Esperanza se sintió muy culpable, casi arrepentida, cuando le llegó la cuenta de la tarjeta de crédito.

"¡Pero yo me lo *merezco!*"

¡Uy! Esperanza se preguntó: ¿Había dicho eso en voz alta? Con disimulo repasó el salón con la vista y no notó ninguna de las miradas perplejas ni altaneras que sin duda habría provocado aquel sincero arranque suyo en medio de un ambiente tan refinado como este. "Yo trabajo *muchísimo*. Además, el bono que me van a dar casi, casi va a cubrir este gasto... casi," murmuró entre dientes, tratando de justificarse, aunque nadie le estaba pidiendo cuentas. Bueno, quizás se justificaba ante su madre, una señora tacaña que se habría horrorizado ante ese gasto; tal vez fue ante el chico que traía el café y a quien Esperanza jamás le daba propinas; o, peor aún, ante el funcionario que manejaba los préstamos estudiantiles y del que ella había logrado escabullirse con gran astucia durante años. Prefirió no hacerle caso a estos metiches fantasmas, dar el tarjetazo y, con su divina pluma Mont Blanc que le había costado un ojo de

Las Ventajas del Comprador Impulsivo

La personalidad Impulsiva es decidida, confiable y organizada. Como es profesional, educada y toda su energía se dirige a lograr metas, le encantaría saber que tiene muchísimas posibilidades de triunfar en sus finanzas si puede poner freno a sus emotivos impulsos de gastar dinero y puede dedicar un poquito de tiempo y esfuerzo a organizar su economía.

la cara, firmar su sentencia de tener que pagar deudas durante los próximos seis años.

¿Quién de Ustedes Es Como Esperanza?

Esperanza se las sabe todas cuando se trata de su carrera o de escoger un vestido de alta costura, pero en lo que se re-

Celebridades y Personajes de Personalidad Financiera Impulsiva

....

Scarlett O'Hara—Si la protagonista de *Lo que el viento se llevó* hubiera tenido deudas en sus tarjetas de crédito, no hay dudas de que habría repetido su frase clásica de "lo pensaré mañana." Pero fiel a su estilo de Impulsiva, consiguió hacerse rica otra vez y enseñarles a los invasores del norte a no meterse con ella.

Porfirio Rubirosa—A pesar de que dos ex-esposas millonarias lo dejaron forrado de billetes, lo gastó todo para mantener su estilo de *playboy*. Murió arruinado, pero con clase: estrellado contra un árbol en su Ferrari último modelo y luego de una noche de juerga en París.

Evita Perón—Relumbraba de diamantes, se vestía con carísimos modistos franceses y repartía dinero a manos llenas, pero si le preguntaban de dónde salía todo eso habría dicho: "¡Qué se yo, che, pregúntaselo a mi marido el presidente!"

fiere a su dinero, es una mala estudiante. Como muchas profesionales, había descubierto su *poder de ganar dinero*, pero estaba en la luna en cuanto al *poder del dinero*. ¿Cuál es la diferencia? El salario más que generoso de Esperanza demuestra que se ha esforzado para conseguir lo que tiene, y que asciende a paso rápido hacia una posición envidiable en su profesión. Sin embargo, esta experta en gastar impulsivamente, sigue siendo una esclava de su trabajo. Como muchos de nosotros, está acostumbrada a trabajar para vivir, pero todavía tiene que descubrir que su dinero tiene la posibilidad de multiplicarse continuamente sin que ella tenga necesidad de matarse trabajando.

No te rías, pero la personalidad de Esperanza me recuerda a uno de esos huevos grandes y bronceados que ponen las saludables gallinas de granja. Es consistente y fuerte en, el exterior, pero, si por casualidad, se le hace una rajadura, su frágil contenido nunca podrá madurar y convertirse en un pollito. Aunque ninguno de nosotros pertenece exclusivamente a alguno de los tipos de personalidad financiera que discutiremos en este libro, hay estudios que

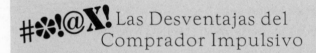

#❋!@X! Las Desventajas del Comprador Impulsivo

Esta personalidad Impulsiva también puede ser precipitada en sus acciones y gastar más de lo que debe cuando se siente deprimida o frustrada. El estrés y la ansiedad, si bien a veces son una motivación para este tipo de personalidad, pueden minar su confianza en aquellos terrenos donde no es experta. Si es una persona que no sabe muy bien cómo manejar su dinero, siempre va a dejar para más adelante cómo aprender a hacerlo… hasta que sea demasiado tarde.

aseguran que cuando nos descuidamos y no le prestamos mucha atención a la forma en que manejamos nuestro dinero, nuestra tendencia es seguir patrones de conducta establecidos durante la infancia.

Lo que impulsa a Esperanza a despilfarrar su dinero es ese conocido sentimiento de "pero si yo me lo merezco." Ella se *merecía* el traje caro para llenar el vacío creado por meses de sacrificio, de esfuerzos incesantes para triunfar, sin darse la oportunidad de descansar y echarle una tranquila mirada al mundo que la rodea. Es fácil averiguar de dónde viene esta forma de pensar. Piensa en lo que dicen los anuncios más populares: *"Tú te mereces lo mejor..."* o *"Cuesta un poco más, pero, qué caray, ¡tú lo vales!"*

No importa si es chocolate o tinte para el cabello, un bolso de marca o un crucero por el Caribe; las industrias que crean esos productos y servicios se gastan una millonada para investigarlos, probarlos y promoverlos—por medio de especialistas en productos de consumo—con el propósito de atraer al tipo de persona que gasta impulsivamente, el tipo de persona al que quizás le vendría mejor dormir a pierna suelta una noche entera que comprar algo pensando que la va a hacer sentir mejor. Aunque sea solo por un tiempo limitado, esa compra desesperada justificará todas sus privaciones y sacrificios previos.

Lo que Sucede Ahora

Cuando el dinero llega a las manos de un comprador impulsivo, desaparece como arena entre los dedos. Por eso el primer paso para establecer ahorros debería ser reservar ese dinero *antes* de que llegue a esas manos terriblemente gastadoras. Los programas de deducciones del salario, los ahorros para la jubilación 401(k) y los depósitos automáticos los creó Dios para las Impulsivas y los Impulsivos (porque te equivocas si crees que no existen también en el sexo masculino. Hay menos, pero los hay... ¡y son un peligro con una tarjeta de crédito en la mano!)

Como estos personajes derrochadores casi nunca hacen algo si no tienen un propósito en mente, la mejor forma de motivarlos a que ahorren es establecer un objetivo específico para cada cuenta: unas vacaciones de lujo, el pago inicial de un auto nuevo, un modernísimo equipo de sonido... Todas estas pueden constituir motivaciones lo suficientemente poderosas como para que este tipo de personalidad eche a andar y ahorre. ¿No es cierto que ahorrar te resulta mucho más emocionante cuando sabes para qué ahorras? Todo consiste en sustituir la vieja costumbre de "gasta, paga y vuelve a gastar" con "ahorra, gasta y vuelve a ahorrar." Si los Impulsivos se anotaran por escrito una fecha como meta y decidieran la cantidad que van a ahorrar y cuál será la recompensa, lograrían convertir el ahorro en un objetivo a su alcance, y reducirían las posibilidades de crearse metas apresuradamente, sin tener los fondos para llevarlas a cabo.

¿CÓMO PUEDEN AHORRAR LAS ESPERANZAS DE ESTE MUNDO?

1. Establece una cuenta de ahorros independiente. Si mezclas tu cuenta corriente de cheques con la de ahorros, no me cabe duda de que recurrirás a la última para cubrir la primera... y nunca vas a reponer el dinero. Pero si creas cuentas separadas, cada una te recordará, de una manera muy concreta, que los fondos que guardas en una y en otra tienen propósitos especiales. Te dará una enorme motivación ver que los ahorros aumentan.

2. Decide qué porcentaje de tu salario bruto, o qué cantidad fija, vas a depositar en tu cuenta especial.

3. Pregúntale a tu empleador si pueden comenzar a realizar, directamente de tu cheque salarial, deducciones automáticas en cada período de pago, las que serían depositadas en tu cuenta de ahorros. Aquella vieja frase de "ojos que no ven, corazón que no siente" se aplica a la mayoría de nosotros... y, más que a nadie, a ti. Te advierto que si confías en que vas a tener la disciplina como para hacer un depósito en tu cuenta de ahorro cada vez que recibas tu pago salarial, la tentación será demasiado grande, y todo sin necesidad. No tienes que hacerte la valiente. Si tu empresa no ofrece deducciones de salario, tu banco puede darte una mano. Pídele que en cada período de pago transfieran una cantidad fija de tu cuenta corriente a tu cuenta de ahorros.

4. Cada vez que recibas una cantidad de dinero con la que no contabas, deposita una parte en tu cuenta de ahorros. Los bonos, los aumentos de salario, los reembolsos de dinero que te envíe el gobierno después de pagar tus impuestos, las devoluciones que te remitan luego de comprar un artículo y el dinero que te paguen por horas adicionales trabajar son ingresos que no has tenido que extraer de tu salario y que serán muy bienvenidos a tu cuenta.

5. Y finalmente, si se te presenta una emergencia que te obliga a retirar dinero de tus ahorros, considera pedir un préstamo que deberá pagarse en un límite razonable de tiempo. Establece un pago mensual fijo y liquídalo regularmente como si fuera una factura más.

Antropología de los Impulsivos

Recuerdo que en la época en que yo trabajaba de planificadora financiera, cuando me sentaba frente a este tipo de persona manirrota que gastaba según se sintiera, lo primero que hacíamos era establecer un plan de gastos. El dinero se les va a los Impulsivos como si tuviera alas, y por eso cuando yo les preguntaba cuánto ahorraban al mes, casi siempre me respondían: "¡Ay, yo no sé adónde se me va el dinero!" o "¡Es que yo soy incapaz de ahorrar!" y "Yo gano bastante, pero al final del mes no me queda nada."

Debido a que las Impulsivas compran y compran como si fuera un ritual del que no se dan cuenta, es muy conveniente—antes de empezar a cambiar este comportamiento—llevar la cuenta de los gastos durante un par de meses. No es fácil, pues no se trata solo de examinar los cheques procesados y los estados de cuenta de las tarjetas de crédito. Los cajeros automáticos, o ATM, no dejan huellas de dónde va el dinero, y es típico de la Impulsiva recurrir a ellos—como Cenicienta al Hada Madrina—para asegurarse de tener billetes a mano cuando le ataque la fiebre de comprar algo que le gusta.

Pero si documentas fielmente el dinero gastado—anótalo en una libreta de notas, en un PDA o Asistente Personal Digital, en lo que sea—el despilfarro inconsciente de dinero saltará a la vista de la Impulsiva inteligente. Muchas veces esto es lo único que hace falta para que se despierte de su derrochadora fantasía y tome las riendas de sus finanzas. Cuando esto suceda, ya estará lista para hacer un plan.

Un plan de gastos—y me cuido mucho de llamarlo *presupuesto* cuando trato con las Impulsivas, pues este tipo de personalidad financiera puede interpretar esa palabra como una medida restrictiva—debería incluir una cantidad fija mensual para artículos especiales, aquello que ella o él necesita para mantener su categoría personal o profesional y evitar un frustrante sentimiento de privación. La diferencia entre esto y lo que acostumbraba hacer anteriormente reside en que ahora se trata de un derroche planificado, controlado y menos frecuente.

Cuando se trata de desalentar la pasión y la imaginación que son características del fogoso espíritu de los Impulsi-

Sigue el Camino **Listo** para Establecer una Meta

Límites	Limítate a metas específicas que puedas nombrar con claridad. Por ejemplo, ahorra dinero "para unas vacaciones de dos semanas." No "ahorres" en general, sino limita ese ahorro a una meta determinada.
Importancia	Debes establecer un compromiso emocional con una meta que sea **importante** para ti. Por ejemplo, el beneficio que obtendrás cuando alcances tu meta.
Sentido	Asegúrate de que tus metas tengan **sentido** lógico y que puedan lograrse. Por ejemplo, separa una cantidad específica al mes para alcanzar tu meta.
Tiempo	Pon una fecha límite de **tiempo** para conseguir tu objetivo. Por ejemplo, "para el 1 de enero, voy a tener..."
Objetivo	Debes tener un **objetivo** muy específico que pueda medirse. Por ejemplo, ahorrar $1,000.

Adaptado de http://www.pueblo.gsa.gov.

vos, la reacción podría ser contraproducente. Si este es tu tipo financiero, usa tu maravillosa habilidad para soñar en grande, y para planear en grande, y así conseguirás los mejores resultados. Quisiera enseñarte una fórmula para establecer tus metas que te ayudará a alcanzar el destino financiero que deseas.

Por ejemplo, digamos que quieres llegar a ahorrar, para diciembre del año próximo, $5.000 en una cuenta de emergencia. Ya tienes una cantidad específica y una fecha bien definida para alcanzar tu meta. Aprovecha tu resuelta personalidad para no fallar, pero si confías en tu autodisciplina podrías arriesgarte al fracaso. Utiliza tus recursos propios; ¡déjate seducir por tu propia astucia!

Escucha esto: hay estudios que muestran que cuando a una persona se le hace la misma pregunta de tema financiero de dos formas diferentes, los resultados pueden ser totalmente distintos. Estos resultados indican con qué facilidad tu mente puede cambiar para hacerse más receptiva.

A un grupo se le preguntó si podían ahorrar 20 por ciento de sus ingresos mensuales. La mayoría dijo que les sería muy difícil hacerlo, si no completamente imposible. Sin embargo, cuando la pregunta se le formuló de otra manera a otro grupo distinto, a quienes se les preguntó si podrían vivir con el 80 por ciento de sus ingresos mensuales—¡la mayoría de los cuestionados afirmó que creían que podrían!

Ahora que ya sabes cómo formular la pregunta antes de planteársela a tu mente, divide los $5.000 que deseas ahorrar entre los dieciocho meses que tienes para conseguir tu meta; te sale a $278 al mes. Si tu cheque mensual es de $3.000, $278 representan casi el 10 por ciento de ese total. ¿Puedes vivir con el 90 por ciento de tu ingreso mensual? Si dices que sí, avanza al segundo paso: ponte en contacto con tu banco para establecer una cuenta automática de ahorros donde se depositarán todos los meses $278 que provienen de tu salario, depositados directamente por el departamento de pagos de tu empresa o extraídos de tu cuenta corriente. Si ya empezaste a sudar y te dieron temblores con solo empezar a marcar el número de teléfono del banco, comienza con la mitad de la cantidad mencionada, pero hazte una nota recordatoria—te apuesto lo que quieras a que te encantan las listas, ¿verdad?—para asegurarte de aumentarla a $278 cuando pasen tres meses.

Puede que este sistema no funcione con otros tipos de personalidades, como verás en los próximos capítulos, pero los Impulsivas e Impulsivos son los candidatos ideales para este programa. Sus beneficios no solo se medirán en dólares y centavos. Si ahorras ese dinero por si se presenta una emergencia, podrás darte uno de tus mayores gustos: la emoción de poder hacer una compra espontánea *sin* que al día siguiente tengas que lamentarte. Pruébalo... y verás que te va a encantar.

En el Futuro

Para no salirte de tus buenos propósitos, tienes que llevar a tu vida financiera ese mismo entusiasmo y ese mismo sentido de esperanza que usas en tu vida profesional cuando se trata de planificar algo.

HAZ UNA CITA CONTIGO MISMA

Preocuparse por el dinero es una parte inherente de la vida de una Impulsiva; por eso, si una noche a la semana haces una cita de planificación financiera contigo misma, tendrás tiempo para pagar tus deudas, revisar tu cuenta corriente, abrir tu correspondencia referente a tus ahorros e inversiones y planear una estrategia para el resto de la semana. Si te sientes culpable por ciertos gastos que has realizado, deja esas preocupaciones a un lado durante la semana y confróntalas cuando llegue tu "noche de cita."

BÚSCATE UN CÓMPLICE

Por lo general, los Impulsivos de ambos sexos son profesionales con una gran capacidad para delegar responsabilidades a otras personas. Pídeles a tus amigos y compañeros de trabajo los nombres de sus planificadores financieros, y reúnete con estos expertos hasta que encuentres aquel que complementa tu personalidad perfectamente. Ten cuidado con esos que solo prestan atención a las cifras. Debes confesarle a tu planificador/a todos tus hábitos adquisitivos; si de vez en cuando te da un ataque repentino de gastar mucho, no se lo ocultes.

El objetivo fundamental de tener control de tu dinero es disfrutar de una estabilidad financiera sin que tengas que sacrificar tu bienestar emocional. Busca un planificador que cree para ti un plan financiero que tenga en cuenta *tus sentimientos;* esta es la única forma de asegurar que participes de manera activa en este proceso. Tus reuniones con él o ella dependerán de cuánto cambien tus necesidades y de cuánta confianza te dé tu agente. Recuerdo que yo tenía clientes con los que me reunía todos los meses, y otros que solo necesitaban verme una o dos veces al año para asegurarse de que todo iba viento en popa y a toda vela.

Cuando trabajas con un planificador, tu función básica es brindar información. Prepárate de antemano y lleva a ese encuentro una lista de tus metas, tu ingreso mensual y tus gastos habituales. El papel de tu asesor es estar al volante de tu auto financiero para llevarte a donde quieres llegar. Tú sabes adónde quieres ir; usa a tu planificador como si fuera un GPS, ese sistema satelital que se coloca en los vehículos y te va guiando hasta llegar a tu destino. Pero nunca le cedas todo el poder; acuérdate de que se trata de *tu* dinero.

Aclarado eso, te diré que hay tres tipos de planificadores financieros:

- *Planificador que trabaja por honorarios:* Este tipo de consejero cobra por sus servicios, ya sea que te cobre por hora o que te pida una tarifa básica fija por reunirse contigo, recopilar tu información y desarrollar un plan de acción por escrito. Luego de reunirse contigo, tu planificador debe presentarte un resumen detallado de tu situación financiera, donde aparezcan los ingresos, los gastos fijos, el valor total de todo lo que posees, un inventario de tus cuentas de ahorro e inversión, tus metas financieras y las recomendaciones específicas de cambios que tienes que llevar a cabo. Por lo general, este tipo de planificador no te ayuda a implementar tu programa. Sería responsabilidad tuya buscar un agente de inversiones, un agente de seguros u otro representante para poder echar a andar el plan. Imagínate que este tipo de planificador es como el arquitecto que te dibuja los planos de tu nueva casa. Por fantásticas que sean sus ideas, de todos modos vas a tener que conseguir un constructor o un contratista que ejecute esos planos.

 Los Planificadores Financieros Certificados son los únicos que pueden usar el título de las tres letras CFP (del inglés *Certified Financial Planners*). Estas personas han realizado un riguroso curso y han aprobado numerosos exámenes. Para encontrar un CFP en la zona donde vives, o para obtener más información, puedes visitar el sitio Web de la Asociación de Planificación Financiera en www.fpanet.org. Es importante que antes de que les pagues, les pidas un acuerdo escrito en el que se señale explícitamente cuáles son tus responsabilidades y cuales son las del planificador, así como la forma y regularidad en que se van a realizar los pagos.

* *Planificador por comisión:* Este planificador no te cobra un honorario por reunirse contigo, revisar tus papeles o ayudarte a establecer tus metas. El dinero que él o ella gana proviene de las comisiones que le pagan las diversas compañías de inversión a las que representa. ¿Piensas que te ahorrarás dinero si te salteas el agente y vas directamente a la compañía de inversión? No trates de hacerte la lista, porque eso no funciona. A la compañía le resulta menos costoso pagarle una comisión a un agente que contratar a nuevos empleados para que te asesoren y te guíen a lo largo del proceso. El factor más importante a considerar cuando se consulta a un planificador que trabaja por comisión es averiguar

El factor esencial cuando trates con un agente es la buena comunicación, y la ética profesional con que él o ella conduzca tus asuntos financie- ros. He aquí algo que puede darte un cierto grado de tranquilidad de que estás en manos de un buen agente: pídele referencias a otras personas y ten en cuenta sus recomendaciones, y llama o visita los sitios Web de la Asociación Nacional de Regulaciones de Corredores de Bolsa (800-289-9999, www.nasdr.com) o de la Asociación Nacional de Comisionados de Seguros (816-842-3600, www.naic.org) para preguntar acerca de un planificador específico.

cuántas inversiones representa la compañía. No te conviene limitar tus alternativas solo a aquellas inversiones que le dan comisiones elevadas al agente. Hay agentes independientes que representan a muchas compañías, y hay agentes que representan solamente a una. Busca recomendaciones de varios agentes.

¿Eres una Impulsiva?

¡Mira qué prueba más sencilla! Como no hay respuestas correctas ni incorrectas, no puedes equivocarte. Atrévete a hacerla...

En cada una de las siguientes afirmaciones, todo lo que tienes que hacer es elegir una de las dos respuestas, "Sí" o "No."

1. Si me regalaran $50,000, probablemente me diría: "¡Chévere! ¡Ahora me puedo comprar algo maravilloso!"

    Sí   No

2. Como estoy tan ocupada ganando dinero, no tengo tiempo para manejarlo.

    Sí   No

3. Si un amigo me pide dinero prestado, me sentiría halagada y probablemente se lo prestaría.

    Sí   No

4. Cuando veo algo que me gusta, pero no tengo dinero para comprarlo, de todos modos casi siempre lo compro. Al fin de cuentas, para eso trabajo.

Sí   No

5. Cuando salgo a almorzar con un amigo me agrada ser yo quien pague.

Sí   No

• *Planificador que trabaja por honorario y comisión:* Este planificador cobra un honorario por reunirse contigo, y es posible que luego gane una comisión sobre tus inversiones. En este caso, el arquitecto es también el contratista. A veces este planificador renuncia al pago por la consulta inicial si lo usas también para poner en efecto el plan financiero.

Si contestaste "Sí" a tres o más respuestas, lo más probable es que eres una Impulsiva que le da un gran valor a la posición y el poder que te puede traer el dinero. Si todavía te quedan dudas, date un paseíto por tu armario y busca cuántos artículos de vestir tienes colgados ¡con las etiquetas puestas! Vamos, quítalos de allí y devuélvelos. Lo más seguro es que los compraste por puro capricho.

Las personas que son como tú pueden asumir el control de su dinero con solo decidirse a hacerlo y concentrarse en la tarea. Hasta ahora has trabajado con tanto ahínco por tu dinero que te olvidaste de hacer que tu dinero trabajara también por ti con el mismo ahínco. Piensa en tu plan financiero como tu gran proyecto profesional. Cuando aprendas a hacer este cambio de táctica, no solo tú te esforzarás en avanzar hacia un destino financiero: tu dinero también lo hará contigo.

Tu primera tarea es lograr vivir con el 90 por ciento del dinero que ganas. Después de todo, ¿por qué debes esperar hasta el final del mes para darte cuenta de que no te queda dinero para financiar tus sueños? Tú *te mereces* ser número uno. Tienes el maravilloso don de la ambición. Ahora, sitúa tus sueños en una perspectiva realista de tiempo y ponlos en piloto automático para no interferir en ellos. Cada vez que te paguen, extrae de tu cheque *tu* parte para que vaya directamente a tus cuentas especiales. Después de todo, *¡tú te lo mereces!*

Un Consejo de Corazón

Eres una persona única y especial. Tienes habilidades, capacidades, estilos y características que te han permitido llegar hasta donde te encuentras hoy. Lo has logrado tú sola. Con ayuda de algunos y a pesar de otros, pero en definitiva fuiste tú quien se sobrepuso a los obstáculos, superó los desafíos y aprovechó las oportunidades que se cruzaron en tu camino.

Fuiste tú quien aprendió lo que había que aprender. Fuiste tú quien hizo lo que había que hacer. Fuiste tú quien dijo lo que había que decir. Tuviste el coraje y la determinación para hacerlo. Deja entonces de lado esa sensación de inseguridad e incertidumbre que te asalta cada tanto produciendo ese temido y conocido vacío en el estomago. Reconócela, date cuenta de que está llegando y prepárate para enfrentarla con decisión y seguridad. Al fin y al cabo, cada vez que la has sentido has salido fortalecida, has crecido y has aprendido de la experiencia.

Detrás de cada uno de esos impulsos que no puedes manejar se esconde una dosis de inseguridad. Tú no eres la que está eligiendo seguir tus impulsos, muy por lo contrario, tus impulsos te están eligiendo a ti. Habrán sido los miedos, la angustia o la ansiedad quienes te habrán elegido para tenderte una trampa y tú caerás en ella. Quedarás prisionera de esas sensaciones y, en vez de disfrutar de tu impulso, sentirás arrepentimiento, culpa y remordimiento.

Date cuenta de que no tienes por qué impresionar a nadie. Y además, si así fuera el caso, no lo lograrías a través de un carísimo vestido, perfume, automóvil o lo que fuese que necesitases en cada ocasión. En todo caso, si vas a impresionar a alguien, no será con objetos materiales sino con tu actitud, integridad, sabiduría, honestidad y fidelidad a tus valores e ideales.

A quien debes impresionar, en todo caso, es a ti misma, a ese yo verdadero que llevas en tu interior. Haciéndolo, casi sin darte cuenta, lograrás el respeto y la admiración de aquellos a quienes quieres impresionar.

La próxima vez que sientas esa angustia en el pecho, ese cosquilleo que te lleva a actuar impulsivamente, aun a pesar tuyo, detente, retrocede un paso y mírate en perspectiva. Date el tiempo para sentir y para pensar. Y recuerda que lo que necesitas para triunfar no está fuera, sino muy dentro de ti.

2

EL BUENAZO

Había una vez un Buenazo...

En su honor, un versito *haiku* al estilo japonés:

Qué oscuro está esto... ¡Uy!
Olvidé pagar la cuenta de la luz. Otra vez.
¿Quién tiene un fósforo, por favor?

Durante más de diez años, Benigno ha trabajado como consejero en una agencia de servicios sociales sin fines de lucro. El hombre de esta historia era un poquito *hippie*, un poquito bohemio, y su sereno comportamiento—parecido a aquel soñoliento Mr. Rogers que presentaba un programa para los niños en la televisión—está acompañado de una risa campechana y contagiosa. Gana poco, pero a él eso no le importa mucho, siempre y cuando le alcance para pagar el alquiler de su modesto apartamento. Ha pensado en buscar un sitio más espacioso, quizás irse a un barrio mejor, pero le entra un complejo de culpa cuando le vienen a la mente estas ideas de grandeza. Descarta enseguida la idea de buscar casa o de mudarse a otra zona.

Una fresca mañana de invierno, Benigno pedaleó la milla y media que lo separaba de su trabajo, mientras admiraba el cielo azul brillante y escuchaba conmovido el impresionante crujido de la nieve bajo las llantas de su bicicleta. Hasta le parecía encantador el gélido viento que se le metía por la piel y parecía convertir sus manos, por lo general regordetas y cálidas, en dos paletas de helado. Benigno se sentía orgulloso de no necesitar un auto y no contribuir a que empeorara la calidad del aire en su ciudad.

A Benigno las tiendas lo sofocan y cuando va a una de
ellas es porque, sencillamente, toda la ropa que tiene es absolutamente imposible de usar. Los grandes almacenes de
ropa le parecen siempre demasiado llenos de gente, un poco
deprimentes y reflejo del ansia de gastar por gusto del
mundo moderno. La única tienda donde se siente a gusto es
la de ropa usada, pues aparte de que le gusta la moda un
poco antigua, así tiene la oportunidad de saber que el dinero que paga tiene fines caritativos. Además, tiene mucha
ropa de cuando iba a la universidad y, como no ha subido
de peso en diez años (es casi exclusivamente vegetariano),
todavía le queda buena.

Lo que sí le ha gustado siempre es hacer las compras
de los víveres. Su preferido, y a donde iba con frecuencia,
era el mercado de productos orgánicos que quedaba a un
par de cuadras de su apartamento, aunque ahí los productos resultaban más caros que en el mercado tradicional.
Pero no se quejaba; el saber que con sus compras apoyaba
a un pequeño negocio de la comunidad, lo hacía sentir especialmente bien. Además, se trataba de productos de calidad que no tenían pesticidas, ni antibióticos, ni estaban
sometidos a prácticas injustas de comercio; en fin, libres
de todas esas cosas horribles que inventaban los crueles
magnates de la industria agrícola y agropecuaria.

A pesar de su modestísimo estilo de vida—en realidad,
debido a eso—Benigno siempre había contribuido genero-
samente a su iglesia y a las obras caritativas que tan sinceramente había apoyado con tiempo y dinero. Benigno

siempre había sido un hombre feliz y satisfecho. Tenía un empleo que, aunque no le daba un ingreso considerable, le ofrecía la satisfacción de hacer algo que haría del mundo un lugar mejor para todos sus habitantes.

Había abierto una cuenta IRA de mercado monetario en su banco local hacía unos años, en la que había estado depositando $50 al mes. El creía, aunque no estaba muy seguro de ello, que ese dinero le aportaría un ingreso adecuado para cuando se jubilara.

Nuestro Buenazo contaba con un grupito de amigos a los que conocía desde hacía muchos años. Uno de ellos era Roberto, un colega de espíritu aventurero que le había pedido prestado dinero para hacer un viaje de placer a Guatemala. Roberto regresó de su paseo sonriente, lleno de energía y con una colorida bufanda de regalo para Be-

Las Ventajas de los Buenazos

Los Buenazos son generosos y virtuosos, y gozan de una paz interior a la que contribuye su sentido honesto del trabajo, su familia y sus amigos. No se dejan seducir con facilidad por los anuncios ni por el hechizo del poder de adquisición. Los Buenazos suelen tener planes de ahorro a largo plazo y les resulta más fácil que a la mayoría de la gente no dejarse llevar por la tentación de alterar los planes financieros que se han trazado.

Las Desventajas de los Buenazos

Uno se queda perplejo ante el grado de despreocupación que sienten los Buenazos en cuanto al dinero. Su naturaleza confiada los convierte en víctimas fáciles de los depredadores financieros, sobre todo cuando estos se presentan como el lobo disfrazado de abuelita. A los Buenazos no les gusta ser una carga para sus seres queridos. Sin embargo, si no hacen planes para el futuro, lo más seguro es que acaben siéndolo.

nigno... pero sin ningún comentario acerca de cuándo iba a devolverle el dinero a su amigo. Luego de pedirle, amable e inútilmente, su dinero a Roberto, Benigno decidió que no lo iba a confrontar de nuevo. Después de todo, para él su amistad era más importante que la pérdida del dinero. Además, ¿quién sabe si la cálida bufanda de alpaca no valía los trescientos dólares que Benigno le había prestado a su amigo? El amigo estaba tan agradecido (al menos en el momento en que tomó el cheque). Las amistades de ambos estaban consternadas ante la actitud de Roberto, y habían instado firmemente a Benigno a que le exigiera la devolución de su préstamo. Para Benigno lo principal era mantener la paz, y si para ello debía contentarse con una folclórica bufanda guatemalteca—en vez de usar el dinero para llevar a cabo sus planes de irse en excursión en balsa por el río— ¿qué se le iba a hacer?

¿Quién de Ustedes es Como Benigno?

El propósito de Benigno en la vida es ser generoso con su tiempo, sus conocimientos y sus contribuciones para poder así servir a la humanidad. No hay duda de que es un hombre realmente virtuoso. Aunque su corazón olvida y perdona con facilidad, hay algunas entidades por las que aún siente desprecio. Una de ellas son las compañías que envenenan los ríos del mundo con sus desechos químicos. ¿Y la otra? La fuerza con mayor poder de corrupción en el mundo.

Naturalmente, es el dinero.

Los Buenazos aseguran tener innumerables pruebas de que el dinero es y ha sido el origen de la mayor parte de lo malo que le ha sucedido a la humanidad. A los que menos respetan son a los que acumulan dinero, y por supuesto, a los que más admiran son a quienes con frecuencia, y casi siempre por fuerza mayor, no lo tienen. A Benigno se le hiela la sangre con solo pensar que sus futuros hijos llegaran un día a tratar de imitar a Paris Hilton y no a la Madre Teresa. Y por eso ha decidido dar los pasos necesarios para protegerse y proteger a su familia de las trampas que tiende el maldito dólar.

Por desgracia, la inquebrantable correlación que Benigno establece entre el dólar y la miseria no le permite ver la seguridad que le brindaría un programa financiero bien estructurado. Al seguir su instinto natural de vivir con frugalidad y usar el poco dinero que tiene para causas nobles, corre el riesgo de ser demasiado desinteresado y de, a fin de cuentas, ser incapaz de brindarle a su familia y a sí mismo lo que necesitan para vivir.

Si estás leyendo este libro sobre dinero, es muy probable que no seas un Buenazo, ya que la mayoría de ellos se acercan a la sección de finanzas de la librería de su barrio con la misma frecuencia con la que leen la revista *Hola* (que es decir casi nunca ya que van a una librería en busca de los libros sobre cocina vegetariana y yoga). Pero todos conocemos personas así, y siempre es conveniente que haya por lo menos una persona cerca de ellos que los pueda aconsejar.

Lo que Sucede Ahora

A los Buenazos no les gusta ser apáticos, pues para ellos esto constituye una actitud altanera que pone de manifiesto un desinterés en resolver los problemas de la humanidad. Tanto es así, que hasta la indolencia ante el dinero—un tema al que no suelen prestar mucha atención cuando se trata de aplicarlo a su vida personal—les parece negativa. Por eso, para estimular a un Buenazo a que se ocupe de los asuntos de dinero, lo mejor es hacerlo ver el lazo que existe entre su bienestar financiero y la felicidad de su familia, las obras caritativas y el avance social. Este tipo de personalidad financiera considerará la riqueza como algo importante solamente si el éxito de su portafolio de ahorros e inversiones puede ayudar a quienes lo necesitan.

Los Buenazos se dejan guiar por sus sentimientos, incluso para tomar decisiones financieras, y, por suerte, tener éxito en el manejo de su dinero no tiene por qué estar reñido con hacer el bien. Las inversiones que tienen una responsabilidad social le vienen como anillo al dedo a este tipo de inversionista; pero si la frase "inversión con responsabilidad" te hace pensar en *hippies* pasados de moda, sentados en círculo mientras invocan los espíritus de la naturaleza, déjame decirte que te equivocas.

Las inversiones que tienen responsabilidad social (llamadas SRI en el lenguaje financiero, del inglés *Socially Responsible Investing*) no son nada nuevo; es más, durante décadas han servido para generar riqueza y ayudar a los más necesitados. La característica más común entre estas compañías es el hecho de que no solo se guían por las pautas típicas de las agencias reguladoras apropiadas, sino que también cumplen con una serie de medidas dirigidas al bien común. Por ejemplo, se supone que las compañías que no apoyan a la industria tabacalera, el juego, el alcohol o la fabricación de armas tienen una conciencia social. Ese tipo de empresas posiblemente tiene un excelente historial de protección del medio ambiente, defiende y exige el respeto por los derechos humanos, apoya los temas laborales, y, tal vez, mantiene una posición con respecto al aborto, la salud del planeta o el buen trato a los animales.

Las actividades de las SRI que más llaman la atención en estos momentos son las que se concentran en la investigación, el apoyo y el financiamiento de fuentes alternativas de energía; son obvias las razones por las que este sector ha despertado un enorme interés en los últimos años. A un nivel más personal, pero igual, se encuentra el movimiento del microcrédito, el cual brinda préstamos pequeños y de bajo interés a personas que viven en zonas de escaso desarrollo. El microcrédito se ha hecho popular en poco tiempo, no solo gracias a su récord casi perfecto de rendimiento, sino también a que ha tenido un impacto social considerable en las zonas donde se ha aplicado con firmeza. Muchos de estos préstamos benefician a las mujeres y, aunque el dinero del préstamo se dedica a la compra de productos limitados—animales de cría, ganado, los materiales básicos para comenzar su propio negocio—las que lo han recibido han demostrado un récord casi impecable de pago de las cuotas.

Un inversionista puede comprar acciones de compañías de responsabilidad social a través de una firma de corretaje, ya sea una sola o varias acciones a la vez, o puede que prefiera adquirir acciones en fondos mutuos que invierten en compañías que tienen un interés social.

No resulta sorprendente que el primer fondo socialmente responsable comenzó a principios de los años setenta. Mientras estaban en su apogeo las camisetas psicodélicas, las canciones de protesta de Joan Báez y las manifestaciones contra la guerra de Vietnam, el fondo Pax World lanzó su primer fondo mutuo, el cual se valió de conceptos tanto sociales como financieros a la hora de escoger sus inversiones. Hoy día, existen más de ciento setenta y cinco fondos mutuos que resultan igualmente atractivos para el corazón como para el bolsillo.

Échale una ojeada a la siguiente gráfica.

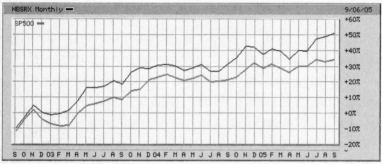

Fuente: www.bigcharts.com

La parte inferior de la gráfica indica los meses durante los pasados tres años. La columna a la derecha representa el porcentaje de aumento del precio de las acciones.

La línea que atraviesa la parte superior de la gráfica representa el precio de la acción de uno de los fondos mutuos más socialmente responsables y rentables durante los últimos tres años, Neuberger Berman Socially Responsible Fund (su símbolo es NBSRX). La ganancia a lo largo del período de tres años fue del 50 por ciento, lo que significa que una inversión de $1,000 se convirtió en $1,500 a lo largo de 36 meses. La línea casi paralela al fondo Neuberger representa el crecimiento del índice Standard & Poor

500 (S&P 500), que es el precio de las acciones de 500 compañías importantes de Estados Unidos que se consideran representativas del mercado de valores como grupo.

Durante ese mismo período de tiempo, el índice S&P 500 tuvo un aumento de menos del 40 por ciento. Este fondo mutuo de capitalización entre media a grande (este es un lenguaje financiero señala las inversiones en compañías medianas y grandes) utiliza un sistema de examen y evaluación financiera para identificar las compañías que satisfacen los criterios que emplea el fondo. Ese fondo, entonces, toma el resultado de esa primera búsqueda y lo evalúa mediante una comparación con las características que su criterio social exige de un fondo, con el objetivo de encontrar "compañías que manifiesten liderazgo en cuanto al medio ambiente, diversidad en el lugar de trabajo y empleo." (Fuente: www.nb.com)

En el Futuro

VIGILA EL PANORAMA GENERAL

Cuando se ayuda al Buenazo, mejor que concentrarse en un presupuesto o en un plan de gastos, he descubierto que lo mejor es conversar con él o ella para hallar qué es lo que desea. Quizás Benigno no sepa cuánto dinero necisitará todos los meses para cuando se jubile, pero si le preguntas qué le gustaría hacer por los demás si tuviera el dinero para llevarlo a cabo, toma tu papel y lápiz y escribe rápido, porque la lista es larga.

Los Buenazos se imaginan a sí mismos haciendo lo que les encanta hacer y, cuando logren comprender que primero tienen que lograr su seguridad económica antes de dedicar su tiempo y energía para ayudar a los demás, resulta mucho más fácil establecer un sistema de ahorros e inversiones. Queridos Buenazos, por favor pónganse la máscara de oxígeno ustedes primero y *después* ayuden a los que los rodean.

PON TUS AHORROS A TRABAJAR

Hay tres terrenos en los que Benigno puede lograr aumentar al máximo sus ingresos de jubilación:

- El primero es la cuenta de IRA que ya tiene. En vez de mantener el dinero en el banco, podría transferir esta cuenta a un buen fondo mutuo socialmente responsable que también satisfaga su sensibilidad social. Si Benigno busca en Google las palabras *"socially responsible"* tendrá acceso a las compañías más importantes en este campo especializado. En mi libro *Invierte en tu futuro,* discuto paso a paso este tema de la selección de fondos mutuos.
- El segundo sitio donde Benigno puede colocar parte de su dinero—y al mismo tiempo recibir ayuda del Tío Sam—es en un programa de Anualidad de Im-

puestos Diferidos *(Tax Sheltered Annuity)*, también conocido como plan 403(b). Este tipo de programa de jubilación lo ofrecen la mayoría de las organizaciones sin fines de lucro. Funciona de manera parecida a un IRA individual, pero tiene el beneficio adicional de que brinda la posibilidad de hacer depósitos anuales más elevados; además, te permite pedir prestado dinero de tus fondos en caso de que sea necesario. La oficina de pagos de la empresa de Benigno o un representante del departamento de Recursos Humanos puede darle más información.

- A los Buenazos les encantan las anualidades. En pocas palabras, una anualidad es una cuenta de ahorros con una compañía de seguros. No es una póliza de seguro de vida y no se exigen exámenes de salud.

Las anualidades tienen muchas ventajas sobre otros tipos de programas de ahorro. No tienes que pagar impuestos por las ganancias que logre tu cuenta mientras el dinero se acumula. Si el dinero queda en el banco ganando interés, al final del año tu institución bancaria te enviará una planilla 1099INT en la que te pide que indiques, en tu declaración de impuestos sobre la renta, el interés devengado durante ese año calendario. Inclusive, si no has retirado dinero de esa cuenta, tendrás que llenar ese documento adicional. Por lo contrario, una anualidad prorroga el pago de impuestos sobre el interés devengado hasta el momento en que lo retires.

Por eso es que se llama "cuenta de impuestos diferidos." porque difieres o aplazas el pago de los impuestos sobre las ganancias. El resultado de esto es que tus ahorros serán aumentados por el interés sobre un dinero que, en otro tipo de cuenta, habrías tenido que ceder para el pago de impuestos. Es una manera muy útil de darle un enorme estímulo a tus ahorros.

Las anualidades también tienen garantías, y esto es de primerísima importancia para la persona que no desea poner en peligro su dinero. La mayoría de las anualidades garantizan que pagarán determinado interés sobre el dinero, casi siempre una tasa mínima del 3 por ciento. La más sencilla de las anualidades es la que se llama anualidad "fija." En ella, tienes que depositar todo tu dinero de una vez o a lo largo de un período de tiempo. Obtienes la tasa de interés que prima en ese momento (que nunca es menos de la tasa garantizada a la que la compañía se comprometió en el contrato). ¿Cómo es posible que logren garantizarte un rendimiento sin que arriesguen tu dinero? Esto lo consiguen al darte el incentivo de que no toques tu dinero durante un período de tiempo específico. Como lo oyes: tienes que comprometerte con la compañía a que no harás extracciones de tu cuenta durante un período que podría ser entre uno a quince años, o quizás más. De ese modo, la compañía de seguros también puede a su vez hacer compromisos a largo plazo con *tu* dinero y ganar una tasa más alta, y esas ganancias te las pasará a ti después.

Hay una variante de la anualidad fija que basa el interés que recibes en el crecimiento del índice S&P 500. Se trata de la "anualidad indexada" o *index annuity* en inglés. Estas resultan atractivas para quienes quieren garantías para sus ahorros, pero que también desean participar en el crecimiento del mercado de acciones. La compañía de seguros usa el aumento del porcentaje del índice como base y luego paga una porción de la ganancia producida por ese interés a las cuentas. Por ejemplo, si tuvieras una anualidad indexada que te pagara el 50 por ciento de la ganancia del índice, y el índice S&P 500 aumentó un 8 por ciento en un año determinado, tu ganancia sería 4 por ciento (la mitad de la ganancia del mercado).

Pero algunas anualidades tienen riesgos. A este tipo de cuentas se les llama "anualidades variables." En lugar de tener una cuenta de ahorros, donde gana interés, la compañía de seguros usa tu dinero para comprar acciones en subcuentas que funcionan como fondos mutuos. La garantía de tu dinero no es una obligación como en los contratos de las anualidades variables. El valor de tu cuenta aumentará, o se reducirá, de acuerdo con el comportamiento de los fondos que has seleccionado.

- El Tío Sam te exigirá algunas cosas si quieres prote- ger tus intereses. Si extraes dinero de una anualidad, no importa cuál sea el tipo que escojas, antes de los 59 años de edad, no solo tendrás que pagar impues- tos sobre las ganancias que has obtenido, sino que el gobierno federal te cobrará además una multa del 10 por ciento sobre la cantidad que retires. Estas cuentas fueron creadas para usarse solamente con propósitos de jubilación, y la edad mágica que deter- mina el gobierno es 59.5 años de edad, y ni un día antes.

¿Por qué recomiendo que los Buenazos coloquen su di- nero en programas de jubilación o anualidades? Los Bue- nazos son dadivosos por naturaleza y, aunque esta es una magnífica cualidad en un ser humano, puede ser un poco perjudicial si se quiere tener un juicioso plan de ahorros. Debido a ello, le sugiero a Benigno que guarde todo lo que pueda en sus cuentas de jubilación. Como él no tiene ac- ceso inmediato a este dinero, será más probable que su cuenta se mantenga intacta hasta que pueda usarla. De lo contrario, la tentación de encontrar una noble causa en qué gastar todo su dinero sería demasiado grande.

Hay que Prepararse para lo Desconocido

Un seguro de vida, palabras que para la mayoría de los Buenazos es algo desagradable de oír, también es algo que

Tus Hermanos y Hermanas en Armonioso Idealismo

Buda, Jesucristo, Santa Teresita de Jesús, la Madre Teresa, Santa Rosa de Lima, Mahatma Gandhi, etc, en fin, todos esos maravillosos pacifistas y sacrificados por el bien ajeno. Estos personajes y las enseñanzas que dejaron tras ellos han hecho posible que el mundo sea mejor que todo lo que haya podido hacer el dinero. Pero por desgracia ninguno de ellos tuvo la misión de hallar un fondo mutuo de responsabilidad social, y ese tipo de consejo no lo podemos encontrar en las obras de bondad que nos dejaron.

debe considerar quien tiene otras personas que dependen financieramente de él o ella. Repito, lo importante aquí es su responsabilidad de mantener otras personas, no las proyecciones de riqueza en el futuro. Según aceptables estimaciones de la industria financiera, siete u ocho años de salario es una cantidad razonable para tener acumulada como seguro.

No esperes que un Buenazo vaya a sentarse tranquilamente, pluma en mano, para llegar de manera lógica a esa cantidad en específico. Olvídate, no va a pasar. Por eso es que un seguro permanente en forma de seguro de vida universal, quizás sea otra vía por la cual un Buenazo pueda acumular dinero para su jubilación. Si su familia no llega a necesitar esa protección con el paso de los años, entonces puede donar esas ganancias a su obra caritativa favorita. Sin embargo, a lo largo de su vida puede disponer del dinero en el valor efectivo de su póliza para incrementar su ingreso durante la jubilación.

¿Eres un Buenazo para el Dinero?

Tal vez te consideres una persona que sigue los impulsos de su corazón, aunque de vez en cuando piensas de manera lógica; pero si a veces lloras cuando algún invitado de Don Francisco cuenta alguna historia desgarradora en la televisión, o si te pones sentimental solo al ver un anuncio de tarjetas navideñas, entonces valdría la pena averiguar hasta qué punto mezclas tus sentimientos con tu razonamiento cuando se trata de manejar tu dinero.

Un breve test nos puede ayudar. Ten en cuenta que esto de ninguna manera es una evaluación formal de tu personalidad. Su propósito no es más que ayudarte a confrontar cualquier concepto erróneo sobre dinero que todavía te impida aprovechar al máximo tu potencial financiero. Es posible que la única razón por la que aún te mantienes en un ambiente de limitación económica es porque—quizás a un nivel subconsciente— asocias el dinero con la corrupción.

Marca tu respuesta para cada una de las siguientes afirmaciones:

1. Me siento culpable si gasto demasiado dinero en mí mismo.

   Sí   No

2. Creo que el dinero es la fuente de todo mal.

   Sí   No

3. Gasto más dinero en causas nobles que en mí mismo.

   Sí   No

4. Doy más importancia a las necesidades económicas de los demás que a las mías.

   Sí   No

5. Vivir modestamente es la única manera de mantenerme conectado con los valores humanos que tienen importancia en la vida.

   Sí   No

Si contestaste "Sí" a tres o más preguntas, lo más probable es que seas un Buenazo o Buenaza, igualito que el Benigno de nuestro cuento.

Tienes riqueza de espíritu y el dinero que te caiga en las manos solo puede hacer el bien en este mundo. Establece un programa sistemático de ahorros; así no tendrás que emplear tanto tiempo en monitorear tus cuentas y podrás dedicar tus energías a cultivar la calidad de tu vida y la de los que te rodean.

Un Consejo de Corazón

Caminas por la vida irradiando buena energía a quienes te rodean. Eres comprensivo, puedes ver más allá de las apariencias y disfrutas ayudando a los demás. Al caer el día te sientes pleno y satisfecho si has podido alentar con tu calidez al que sufre, consolar al que está inmerso en la pena o el dolor, aconsejar al que no sabe cómo resolver sus problemas.

Por tu manera de moverte por el mundo quizás resignas derechos que te pertenecen, dejas de lado cosas que querrías hacer, callas opiniones que, supones, lastimarían a tu prójimo. Empieza por darte el permiso para reconocer tus deseos, para descubrir tu propia necesidad. Tú también tienes necesidades y deseos y ya es tiempo de que empieces a darles lugar.

Míralo de esta manera: defender lo que es tuyo es bueno para ti. Pero también lo es para quien intenta quitártelo. No le temas a la discusión. En toda confrontación hay crecimiento para ambas partes. Haz lo que tengas que hacer y di lo que tengas que decir, cuidando la forma, tratando de no lastimar, pero con firmeza y seguridad. Confrontando constructivamente, explicando con humildad lo que te pasa y escuchando atentamente los argumentos del otro, ambos saldrán fortalecidos. La paz que logres después de la tormenta será mucho más valiosa y duradera que aquella que mantengas precariamente solo por temor a romperla.

Si reconoces lo que deseas, y haciéndolo sin culpas ni remordimientos, estarás mejor predispuesto aún a hacer del mundo un mejor lugar para vivir. Eres tan digno de ayuda como todos aquellos a los que brindas tu apoyo y tu contención. Así que empieza a ayudarte a ti mismo y a dejarte ayudar por los demás. Tu misión en el mundo demanda mucha energía de tu parte. La mejor manera de fortalecer tu labor es nutriéndote de la energía de quienes te rodean, así que atrévete a pedir ayuda y acéptala con alegría. Haciéndolo estarás generando sinergia con tu entorno, potenciando aquello de "uno más uno, tres."

Date a ti mismo el lugar que mereces. Valórate al menos tanto como te valoran los demás. Acepta el agradecimiento de quienes te rodean, sin sonrojarte. Deja de lado, al menos por un momento cada día, esa imagen de modestia que te has forjado sobre ti mismo y siente la alegría de ser una persona querida por tu entorno. No es vanidad. No es soberbia. Es orgullo por lo que eres y por el bien que haces. Disfrútalo y comprométete contigo mismo a sentir más orgullo y más felicidad mañana. Al fin y al cabo, si así fuere, será porque la lista de personas a las que has ayudado es más larga, y el bienestar que les has entregado es aún más profundo cada día. Asegúrate, eso sí, de que en esa lista aparezca también tu nombre.

3

EL SABELOTODO

Había una vez un Sabelotodo…

"¡Si Dios me diera una prueba clara de que existe!
Como depositar una gran cantidad de dinero a mi
nombre en un banco suizo."
                                        —*Woody Allen*

Era una estupenda tarde de finales del verano. Perfecto llevaba en su auto a su hijo mayor al campo de béisbol. Era el partido del campeonato y tanto el padre como el hijo estaban ansiosos por ver el encuentro decisivo. Perfecto pensaba que su hijo era maravilloso; en su opinión, el chico, si lo quería, tenía una fantástica carrera deportiva en su futuro. Llegaron al campo de juego, Junior saltó del auto para estirarse un poco y Perfecto condujo alrededor del barrio en busca de espacio donde aparcar. Al poco tiempo, encontró varios espacios.

Una vez en el campo de juegos, y después de pensar durante media hora dónde sentarse, Perfecto descubrió un buen sitio desde el que podía observar a la perfección a su hijo en el terreno. No estaba muy a la derecha ni muy a la izquierda, y a la altura ideal como para poder ver por completo todo el campo. Perfecto calculó que con el paso de las horas—probablemente durante el tercera inning—el sol habría cambiado de lugar, lo que sin duda permitiría que la sección donde él estaba sentado pudiera disfrutar de un poco de sombra en esta calurosa tarde. Sí, pensó Perfecto, probablemente este era el mejor lugar donde sentarse. Bueno, en realidad el lugar bueno... pero bueno, bueno,

bueno de verdad, era dos asientos más abajo, el sitio que actualmente ocupaba la madre—cada vez más enrojecida por culpa del calor—de un torpedero.

Perfecto se retorcía en su asiento y no podía estarse tranquilo. ¡Si pudiera ver mejor al entrenador! Si estuviera dos asientos más abajo tendría una vista panorámica de las señales que el tipo le estaba enviando a Junior, allá en el montículo. Quizás si le pidiera el asiento a Mamá Torpedera. Era esencial que Perfecto estuviera en una posición desde donde viera con claridad las incidencias del partido detalle por detalle, pues así sus prácticas de lanzamiento en casa serían más eficientes. No cesaba de mirar el asiento con envidia. Lo exasperaba pensar que ya no le iba a ser posible disfrutar del juego sentado en un asiento tan malo. Perfecto se rascó detrás de la oreja, se inclinó un poco hacia adelante y se dispuso a tocar a Mamá Torpedera en el hombro... cuando, de pronto, vio a Junior parado frente a la caseta del equipo, haciéndole señas enloquecidas con los brazos.

El padre miró asombrado al hijo mientras este seguía protestando y moviendo la cabeza de un lado al otro como si estuviera poseído por el demonio. ¿Pero qué rayos le pasaba a este muchacho? Cayó en cuenta de que Junior trataba de decirle algo a él, aunque sin gritar. ¿Qué era? Por fin, Perfecto leyó en los labios de su hijo lo que este quería decir:

"¡NO, PAPÁ! ¡NO HAGAS ESO, PAPÁ! ¡POR FAVOR, SIÉNTATE, PAPÁ!"

Perfecto miró inocentemente a Junior, se encogió de hombros y levantó las palmas de las manos.

"¿QUÉ?"

"¡TÚ SABES A LO QUE ME REFIERO!" En ese momento, Junior agarró el codo de un compañero de equipo que pasaba a su lado y, despiadadamente, empezó a darle golpes en el hombro para ilustrar lo que quería decir.

"¡Oye, ¿a ti que te pasa?!" dijo el compañero de Junior al tiempo que trataba de que lo soltara.

"Perdóname, pero estoy tratando de que mi papá no empiece a molestar a la mamá de Pepe para que le dé su asiento. No va a estarse tranquilo hasta que la haya convencido de que se cambie de lugar, pero luego, cuando ya esté sentado, todavía no le va a parecer ideal y se va a pasar todo el juego pasando de un asiento a otro; y después se va a quejar de que no pudo ver el juego porque los mejores asientos estaban tomados. Así es él."

Perfecto se echó hacia atrás, se alejó de la Torpedera y volvió a sentarse con incomodidad en su asiento sin sombra. Bueno, está bien, Junior. Quizás sea mejor así (¡aunque tal vez no!). Caramba, ahora que lo pensaba, se dio cuenta de que hubiera sido un asiento terrible, con una posición nefasta si uno quería filmar el juego.

Aunque Perfecto no tenía cámara de video.

Al pensar en eso, se sintió culpable. Debería haber comprado la cámara de video digital en la que había estado pensando durante meses. Este habría sido un momento ideal para usarla. Pero había tantos modelos y cada uno tenía tantos detalles diferentes; ¡había que considerar tantas cosas antes de decidirse y comprar una! Perfecto había tenido pesadillas con millones de mega píxeles que lo atacaban y un teleobjetivo que le hablaba, pero entonces se le ocurrió que, aunque ya no estaban de moda, quizás una cámara fotográfica tradicional que fuera más fácil de operar le iba a ser más útil que uno de esos elegantes y complicados artefactos digitales.

Después de haber ido a la tienda cuatro veces—y cada viaje que hacía era más estresante—luego de horas de interrogar sin piedad a la exhausta vendedora, Perfecto quedó absolutamente abrumado, con lo que decidió posponer la compra hasta que hubiera tenido la oportunidad de examinar a fondo todos los modelos en la Internet durante el fin de semana. Todo eso había sucedido tres semanas atrás. No era la primera vez que Perfecto se había sentido culpable por no haber actuado a tiempo...

Hace diez años él y su mujer Ángela estaban locos por comprar una encantadora casita estilo Tudor; pasaban todos los días por delante de ella con la boca hecha agua de tanto que les gustaba. Pero, al final, nunca la compraron, pues él decidió consultar a otro agente de bienes raíces para averiguar los precios comparables en otras propiedades del barrio. Resultado: la casita se la quitaron de las manos, es decir, la compró otra persona en cuanto descubrió la excelente oferta que era. Y ahora vale el doble de lo que Perfecto y Ángela habrían pagado por ella. No fue la primera vez (¡ni la última!) que se perdieron la oportunidad de hacer una buena inversión y de satisfacer sus deseos por culpa del exagerado deseo de perfección de—valga la redundancia—Perfecto.

Después de lo de la casa, Perfecto se consoló al pensar que, en realidad, no tenía mucha información acerca de la propiedad, que no le daba esa sensación de *perfección* que, él suponía, debería brindarle la compra de una vivienda. No importa cuánto investigara, a él siempre le parecía que le faltaba un detalle, esa minucia de información que lo estimularía por fin a tomar una acción decisiva para la compra. Ángela llamaba a este proceso "parálisis por análisis." pero Perfecto estaba cada vez más convencido de que era mejor averiguarlo todo hasta el cansancio que actuar a ciegas. Después de todo, pensaba, uno no puede confiar, así como así, en que un agente de bienes raíces se las va a saber todas con respecto a cada casa que trata de vender, o de que va a ser honesto con los futuros compradores. Él tenía que hacer su propio trabajo de Sherlock Holmes y enterarse de todo.

Perfecto dio un profundo suspiro y volvió a concentrarse en el juego. Junior estaba al bate y envió la pelota más allá de la cerca. *¡Jonrón!* Perfecto no cabía en sí de orgullo. Mientras su hijo corría triunfalmente el último tramo desde la tercera base, Perfecto sintió que los ojos se le llenaban de lágrimas y quiso, aunque hubiera sido solo en esta ocasión, haber desafiado sus propios instintos.

Las Ventajas de los Sabelotodo

Perfecto tiene la gran habilidad de fijarse en los detalles y un profundo sentido de responsabilidad y amor por su familia, una combinación maravillosa. Para él, cada proyecto se convierte en un viaje que vale la pena explorar exhaustivamente, y cuando toma una decisión, casi siempre es acertada. Al Sabelotodo, por lo general, no le resulta difícil diseñar el presupuesto perfecto o aprovechar al máximo y a su favor toda posible deducción de impuestos.

¿Quién de Ustedes es Como Perfecto?

Perfecto tiene la tendencia de perderse en los detalles y de olvidarse de la perspectiva general de un asunto; además, es famoso por prepararse con celo apocalíptico para posibles emergencias. El Y2K—el lío aquel que se formó cuando muchos creyeron que se iba a acabar el mundo o, por lo menos, que se descompondrían todas las computadoras, con la llegada del año 2000—fue uno de los grandes proyectos de Perfecto, pero como no pudo decidirse cual compañía escoger para que le construyera un refugio antiatómico en el patio, la familia se quedó con un hueco gigantesco en la

Las Desventajas de los Sabelotodo

La capacidad de Perfecto para analizar los detalles es envidiable, pero cualquier virtud, cuando se lleva a un extremo, se convierte en una debilidad, y Perfecto tiene tanto miedo de llevar a la práctica lo que averiguó y de, sin querer, pasar por alto algún detalle, que casi nunca puede llegar a una decisión. Esta costumbre le costará a él y a su familia mucho dinero y les causará muchos problemas.

parte de atrás de la casa y sin búnker. Y después se negó a que usaran el hoyo para hacer una piscina...

Perfecto no es el tipo de persona que se deja llevar por engañosos planes de inversión, pues la avaricia tiene en él menos fuerza que el miedo. Dicho esto, el Sabelotodo tiene a menudo la habilidad de comprar comida *gourmet*, ropa buena y artículos de lujo que él considera cumplen con sus expectativas... pero solo si cuenta con el dinero para hacer esa compra.

Es muy probable que la medianoche del día 15 de abril sea posible encontrar a Perfecto en la oficina de correos de su barrio mientras deposita una carta para el IRS, pues sin duda él hizo su propio informe de impuestos, y de tanto que lo revisó lo terminó justo a última hora. Esta personalidad financiera adora planificar, planificar y planificar... lo que habrá de planificar después. ¿Qué es lo que impulsa a este investigador perpetuo y perfeccionista? El deseo de hacer lo correcto, de saberlo todo hasta el último detalle, de hacerlo todo con excelencia y de estar en control de las cosas.

Cómo Aprovechar tus Puntos Fuertes y Evitar los Débiles

Bueno, vamos a hablar a calzón quitado. Si tú eres uno de estos perfeccionistas que lo investiga todo hasta el delirio, jamás lo vas a admitir, pero en el fondo de tu corazón quieres saber cómo puedes relajarte un poco en este sentido y no hacerte la vida tan difícil. Tu destreza para detectar los detalles más mínimos se puede convertir rápidamente en incapacidad para tomar una decisión, y esta indecisión puede conducirte a un círculo vicioso de inseguridad que te obligue a dejarlo todo para más adelante. A pesar de esto tú sí puedes lograr que tu capacidad para examinar analíticamente las cosas sea una ventaja y no un freno, siempre y cuando puedas ponerte algunos límites.

Lo que Sucede Ahora

Cuando tú, investigador diligente, sabelotodo y perfeccionista, comienzas el proceso de tomar una decisión relacionada con el dinero, empiezas a escuchar "voces" dentro de tu cabeza: vienen a visitarte aun antes de que te vayas a la cama y, cuando ya duermes, se convierten en las protagonistas de tus sueños. Quizás te creas que son voces que están de tu lado; bueno, por lo menos lo *parecen*, ya que te ofrecen muchas advertencias y una gran cantidad de "¿y qué pasa si...?": ¿Qué pasa si suben los intereses? ¿Qué pasa si necesito el dinero antes del tiempo planeado? ¿Qué pasa si descubro mejores inversiones más adelante? Esas voces incesantes deberían ser el primer aviso de que las indecisiones están preparándose de nuevo para no dejarte actuar. Es el momento de que te pongas fuerte y no permitas que eso suceda.

El primer contraataque de tu parte comienza con una reprogramación de tu cerebro. Por ejemplo, si quieres conseguir la "mejor" casa, la cámara "perfecta." el sofá "más cómodo." el certificado de depósito "que pague más," vuelve a formular la manera en que piensas y pon en palabras esas metas. En lugar de buscar "absolutamente lo mejor," trata de sustituir las palabras "mejor" y "perfecto" con la frase "bastante bueno."

Quizás prefieras hallar una casa "bastante buena" que tú y tu familia puedan costear cómodamente, una cámara de video que sea "bastante buena" para llevar en las vacaciones y que tome películas "bastante buenas," un sofá que sea "bastante bueno" para que tú y tu pareja puedan arrellanarse en él cómodamente y ver el programa de fútbol del lunes por la noche, un certificado de depósito cuyos intereses sean "bastante buenos" de manera que la inflación no te afecte. Si replanteas tus objetivos de esta manera podrás simplificar el proceso y te sentirás muchísimo mejor con respecto a la decisión final que tomes. Cuando notes que estás comenzando a obsesionarte tratando de encontrar "lo perfecto" de cualquier cosa, recuerda que "bastante bueno" es, a fin de cuentas, "bastante bueno."

Además, trata de sustituir las palabras "yo debería" o "yo debo" con frases como "yo quiero," "yo deseo" o yo "quisiera." Es lógico que si consideras un asunto desde un punto de vista técnico—como, quizás, obtener el interés más alto en tu cuenta de ahorros en un banco lejos de tu casa—pienses en lo que *deberías* hacer. Pero si lo que de verdad *quieres* hacer es otra cosa—digamos, por ejemplo, tener una cuenta en un banco cercano donde conoces a los cajeros, aunque te pague un cuarto por ciento menos de intereses al año—es correcto que te decidas por el plan B. No siempre tienes que optar por la mejor solución; en vez de eso busca la solución que te haga más feliz. Eso es todo. No hay nada más que hablar. Ni pienses más en eso.

En el Futuro

He aquí unos cuantos consejos para el investigador perfeccionista que quiere saberlo *todo* antes de tomar una decisión financiera.

Si, por lo general, examinas varios informes financieros desde todos los ángulos posibles todos los meses, es hora de que simplifiques ese proceso y te ahorres dolores de cabeza. Escoge los dos que te darán una imagen aceptable de cuál es tu situación financiera y elimina el resto. Deberías comprometerte a observar cómo van tus inversiones una sola vez al mes. Pon un límite al tiempo que dedicas a considerar un proyecto financiero y síguelo al pie de la letra. Felicítate de mantenerte siempre dentro de ese límite y de hacerlo en el momento oportuno.

Si te pones a considerar, por gusto, detalles innecesarios, vas complicar demasiado esos proyectos. No lo hagas. Por ejemplo, escribe una lista de las "cosas a considerar." Luego, divide esa lista en dos listas más: una es de las "cosas indispensables a considerar" y la otra de "lo que podría considerar." asegurándote de que tienes el mismo número de cosas en cada una. Cumple la primera. Y olvídate de la otra.

No pienses que tienes que hacerlo todo tú mismo. Sírvete de un asesor financiero para que te ayude a tomar decisiones. Piensa en esa persona como si fuera un decorador, alguien que, partiendo de lo que tú has establecido que es importante para ti, te presentará algunas muestras que te pueden interesar. No acumules demasiadas de estas muestras, sino tan solo las que puedas manejar cómodamente. Deja que esa persona realice el trabajo difícil en tu lugar, para que tú puedas emplear tu tiempo en equilibrar tu vida con actividades relacionadas con tu familia y tus amistades, y no encorvado sobre el escritorio sacando cuentas en la soledad de tu oficina.

Si cruzas la línea imaginaria entre "ahorros" e "inversiones," podrás explorar nuevas posibilidades de ganancias. Ya es hora de que lo hagas. Una cuenta de ahorros es como un espacio de estacionamiento donde pones tu dinero de manera temporal, casi siempre durante dos años o menos. Hay varios sitios donde puedes sacarles el mayor provecho a tus ahorros y no perder la tranquilidad de saber que tu dinero está garantizado. Certificados de depósitos o CDs, fondos de Money Market, T-Bills o certificados de la Tesorería y Notas a 2 años... todos estos son medios muy usados por las personas que ahorran y que desean ganar una tasa de interés mayor que la que recibirían en una cuenta tradicional de ahorros, y seguir contando con la seguridad de que su dinero no corre peligro.

Es cierto que la seguridad del dinero es algo muy recomendable; después de todo, ni al inversionista más arriesgado le gusta perder sus bienes. Sin embargo, es muy posible que si mantienes todo tu dinero en este tipo de cuentas, vas a "volverte pobre tranquilamente." ya que ellas no siguen el ritmo de su peor enemigo: la inflación.

Digamos que después de sacar cuentas y de calcularlo todo muy bien, descubriste una cuenta de ahorro en un banco, muy lejos de donde vives, que te paga el 4 por ciento de interés. Depositaste $1,000. Te sientes bien de haberlo hecho, te apoltronas en tu butaca favorita y miras, de paso, los titulares de la sección de negocios. LA INFLACIÓN LLEGA AL 3 por ciento, lees. ¿Qué significa eso para ti y para tu cuenta de ahorros? Vamos a extraer nuestra fiel calculadora para ver cuánto interés ganarías en un año con ese depósito que hiciste recientemente.

Mil dólares multiplicados por .04 (que es el 4 por ciento) es igual a $40. Si la tasa de interés de tu cuenta de ahorros se mantiene al 4 por ciento durante los doce meses siguientes, habrás ganado $40 en tus ahorros. Tu dinero está seguro y tu fortuna aumentó $40. No está nada mal. Por desgracia, no es esa cantidad la que vas a meterte en el bolsillo. Si tenemos un factor de inflación del 3 por ciento durante los doce meses siguientes, tus $1,000 perderán un 3 por ciento de su valor. $1,000 por .03 equivale a $30. Tu cuenta de ahorros no va a bajar $30, pero cuando saques esos mismos $1,000 y los lleves a la tienda para hacer compras, te alcanzarán para comprar $30 menos de lo que podían comprar un año antes, y eso se debe al aumento del precio de los productos que vas a adquirir.

Si ganas $40 en el banco, pero el valor de tu dinero se reduce $30, tu rendimiento neto el año próximo sería de $10, o en términos bancarios, 1 por ciento de interés. Pero espera, porque esto no para aquí. ¡Es peor aun! Si tu cuenta de ahorros no está conectada a un plan de pensión, como un IRA, un 401(k) o un 403(b), etc., al final del año recibirás un estado de cuentas en el que tu banco, sin perder su amable sonrisa, te recuerda que debes mostrar en tu declaración de impuestos la cantidad de interés recibido. ¡Y ahora viene el otro batacazo! Según tu posición en la escala impositiva ofrecida por el IRS, tendrás que compartir con el gobierno parte de tus ganancias... ¡Incluso si no has sacado dinero del banco! La "mordida" de los impuestos puede ir desde $5 hasta $16.50 sobre esos $40.

Si todo lo que te queda después de la inflación son unos míseros $10, puede que tengas que poner dinero de tu bolsillo para completar los impuestos que debes, lo que da como resultado que al final del año tienes menos dinero que al principio. A eso es a lo que yo le llamo "hacerse pobre tranquilamente." La inflación es algo horrible, horrible, horrible, y—a menos que estés dispuesto a considerar inversiones que han demostrado dar rendimientos superiores a la inflación—tu dinero, como quiera que mires esta situación, va a dar un paso adelante y dos hacia atrás.

¿Quieres saber cuál es mi consejo? Abre una "cuenta loca." Date permiso para depositar 2, 3 o inclusive hasta 5 por ciento del dinero neto de tu cheque salarial en esa cuenta, la cual usarás para invertir en un fondo mutuo o en una acción. Piensa en ese dinero como si lo fueras a jugar en el bingo y oblígate, si es necesario, a hacer con él algo más que mantenerlo "seguro" en el banco. Escoge un sistema de inversión determinado y mantente coherente con tus normas de compra y venta. Si aprendes a limitar tus pérdidas y sacarle partido a tus mejores productos de inversión, al final saldrás ganando a pesar de que no siempre aciertes. Y lo mejor de todo esto es que puedes invertir sin la ayuda de un asesor financiero, ya que tú mismo puedes abrir fondos mutuos y cuentas de corretaje tan solo con la ayuda de tu computadora.

¿Eres un Sabelotodo Perfeccionista?

. . . .

A estas alturas ya debes tener una idea bastante clara de si lo eres o no, pero por si acaso, el siguiente test es una manera divertida de averiguarlo de una vez por todas.

Marca tu respuesta para cada una de las siguientes afirmaciones

1. Para las vacaciones, me encanta planear cada detalle y cada gasto.

    Sí   No

2. Al final de cada mes, puedo decir cuánto me quedará, casi hasta el último centavo.

    Sí   No

3. Prefiero ahorrar que invertir.

    Sí   No

4. Si yo tuviera un lema personal, probablemente sería "a mí no hay quien me robe mi dinero."

    Sí   No

5. Cuando me siento deprimido, gastar dinero no me hace sentir mejor.

    Sí   No

Si estás de acuerdo con tres o más de las anteriores afirmaciones, puede que tu afán de examinar hasta el cansancio muchos detalles insignificantes de tu vida te esté haciendo perder la perspectiva de lo que realmente vale la pena. ¡Para de calcular y comienza a vivir! Llega un momento en que, sencillamente, ¡vas a tener que taparte la nariz y dar el salto! Recuerda: no tienes que saberlo todo antes de hacer algo. Si cambias de actitud, quizás al principio seguirás investigando algunos detalles que consideras "esenciales." Esto es normal, pues no es tan sencillo modificar los comportamientos. Tal vez no logres desprenderte de tu temor, pero puedes aprender a actuar a pesar de él. Eres una persona capaz y consecuente y, aunque quizás no seas capaz de controlarlo todo, ¡sí puedes lidiar con todos los problemas que se te presenten!

> *"Para poder llegar a segunda base, primero debes estar dispuesto a alzar un pie."*
> —Anónimo

Un Consejo de Corazón

Ten esto presente: la mejor manera de aprender es a través de la experiencia, nada te dará tanta seguridad ni te enriquecerá tanto. Anímate y hazlo, poniendo en práctica todo lo que has aprendido, basándote en lo que has analizado, apoyándote en los datos que has obtenido.

Hace unos cien años, el economista italiano Wilfredo Pareto se dio cuenta de que en Italia el 80 por ciento de la riqueza estaba en manos del 20 por ciento de la población. A partir de sus ideas, años más tarde, el doctor Joseph Juran estableció la que hoy se conoce como "Ley de Pareto" o "Ley del 80/20" y que podría resumirse así: "El 20 por ciento de las causas explica el 80 por ciento de las consecuencias. Por ejemplo, una empresa que recibe cien reclamos mensuales podría determinar cuáles son los cuatro errores más frecuentes en un total de veinte errores identificados en su proceso de atención al cliente. Resolviendo esos cuatro errores eliminaría ochenta de los cien reclamos mensuales recibidos. Concentrando la atención en el 20 por ciento más importante, se maximiza la eficiencia del tiempo y del esfuerzo."

Si Wilfredo se dio cuenta de esto hace 100 años, tú podrías empezar hoy mismo a probar esta utilísima Ley del 80/20 al tener que tomar decisiones. Lograrías que estas sean suficientemente efectivas y, más importante aún, mucho más oportunas.

Piensa en un bebé de aproximadamente un año de edad que intenta caminar. La única manera que tiene de lograrlo es a través del método de "prueba y error," cayendo una y otra vez. O piensa en alguien que no aprendió a nadar de pequeño y que desea intentarlo más tarde en la vida. ¿Cómo crees que va a lograrlo más fácilmente? ¿Leyendo manuales y estudiando las leyes de la física que explican el mecanismo de la flotación, o practicando? Claro que el niño no aprenderá a caminar en la cornisa de una montaña y el novato de la natación no intentará nadar mar adentro. Los riesgos a tomar en uno y otro caso deberán ser acotados. Lo mismo ocurre con tus decisiones cotidianas. No temas equivocarte. No pretendas tener todo bajo control. Ya que eres tan bueno analizando hasta el último detalle, no descuides este: Además de tomar en cuenta los riesgos de decidirte, no olvides considerar el riesgo que corres al no tomar una decisión.

Llega un punto en el que no queda otra opción que decidirte y echar a andar; o a nadar. Decidirte a comprar, a decir, a vender, a invertir, lo que sea que estés considerando. Es el punto en el que es mejor correr el riesgo de equivocarte haciendo, a seguir paralizado en la supuesta y teórica seguridad de la inacción. Supuesta y teórica porque al "decidir no decidirte." la mayoría de las veces terminas arrepintiéndote.

Decídete y concrétalo. Reemplaza la sensación de incertidumbre y angustia que te produce tener que decidir sin todos los elementos de juicio en mano, por el placer de poder tomar la decisión solo con los elementos de juicio necesarios. Estarás disfrutando del presente al mismo tiempo que previenes lamentos futuros. Cuando en unos días, semanas o meses eches una mirada a tu pasado, que hoy es tu presente, en lugar de sentir arrepentimiento por no haberte decidido, sentirás alegría y agradecimiento por haberlo hecho.

4

EL
BOTARATE

Había una vez un Botarate...

" '¿Por qué preocuparme por el invierno?', dijo la
Cigarra."
—Esopo

Aquello no había sido, sencillamente, una *fiestecita*. Aquello había sido tremendo fiestón que habría dejado chiquitos a los jolgorios y comilonas de la antigua Roma. Fue el tipo de gala "a todo dar" donde se sirvió a manos llenas desde cerveza hasta champán, pasando por vino, martinis y ron en las rocas, mientras las mesas desbordaban de bandejas repletas de manjares exquisitos que hicieron que todos se olvidaran de las dietas, las calorías y los carbohidratos. Y los postres... ¡Para qué hablar de eso! Era, en fin, el tipo de guateque a todo dar que Gastón le encantaba celebrar, aunque la factura de los gastos estuviera más allá de lo que recomendaba la prudencia.

En su carísimo Porsche de último modelo, Gastón ahogó un bostezo al tiempo que daba vuelta a la esquina y descubría, a lo lejos, los primeros rayos del sol. Entonces se dio cuenta de la hora que era y se acordó de que, a pesar de que ya fuera de madrugada, le quedaba todavía algo que hacer antes de meterse en la cama y dormir apaciblemente hasta que el sol volviera a esconderse. Al recordar la tarea que le quedaba por delante, gruñó en voz baja, dio una vuelta en U y avanzó calle arriba.

Este joven derrochador había tirado la casa por la ventana en la colosal celebración de la noche anterior, pero hacer feliz a la gente lo hacía a él aún más feliz. Gastón adoraba proporcionar a los demás un ambiente de alegría, bebidas caras y abundantes y comidas espléndidas. Era como un Papá Noel que se pasaba el año dando regalos tan caros, tan fuera de serie, que a veces sus amigos sentían temor de recibirlos, ya que pensaban que ellos tendrían, a su vez, que regalarle algo de la misma categoría. Gastón se imaginaba que él era como un moderno cazador de tesoros ocultos—eso es, ¡un Indiana Jones latino con una tarjeta de crédito en vez de un látigo! Cuando una ex novia le había comentado lo mucho que le gustaban las grandes vitrolas antiguas que tocaban discos si se les ponía una moneda, Gastón compró una en una tienda de antigüedades, la envolvió en papel de regalo, la coronó con un lazo rojo y se la envió a su casa en una camioneta el día de Navidad. Por si fuera poco, compró una valiosísima colección de discos de boleros antiguos para que la chica pudiera colocarlos en la vitrola y oír su música preferida.

Esta noche, Gastón hubiera deseado que la fiesta no acabara jamás. Había bailado horas y horas al ritmo de la banda de cuatro músicos que él mismo había contratado. La presentación del mago lo dejó tan impresionado que pensó volver a usarlo en otra ocasión. El hombre había logrado cautivar por completo a los asistentes y los mantuvo entretenidos toda la noche mientras hacía que el dinero desapareciera y apareciera en sus bolsillos, sus bolsos ¡y hasta sus narices! ¡Cuánto le hubiera gustado tener al mago junto a él cuando le llegaran las cuentas de los gastos a fin

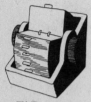

Las Ventajas
de los
Botarates

El Botarate es un maestro en el arte de establecer conexiones y relaciones, es un excelente comunicador y un árbitro de ideas e innovaciones. Si este tipo de personalidad se queda sin trabajo o se le acaba la buena suerte, lo más probable es que haya acumulado a su alrededor bastante buena voluntad por parte de quienes lo rodean (y bastantes números de teléfono) como para superar las malas épocas.

de mes! No tenía una idea exacta de cuánto le iba a costar todo esto, pero de lo que sí estaba seguro es de que no iba a ser nada barato.

Bueno, en realidad la culpa no era suya. La fiesta se había ido complicando sin que él se diera cuenta y, cuando había comenzado el proceso de planificación, fue incapaz de mantener el control de los gastos. El planificador de la fiesta había dejado que las ideas le brotaran de los labios como un manantial incesante de fantasías. "Quizás está bien así." pensó Gastón. En realidad, esa frase era su mantra. "No me rechazaron ninguna tarjeta. Eso seguramente debe ser una buena señal. Todo va a salir bien. Siempre sale bien."

Las Desventajas de los Botarates

· · · · · · · · · · · · · · ·

El Botarate es un maestro en el arte de evitar, de dejar todo para más tarde y de huirle a las responsabilidades. Si no controla sus gastos, lo más probable es que acumule muchas deudas y termine perdiendo alguna relación personal que le era importante.

Gastón llegó hasta un estacionamiento vacío para finalizar su última tarea de la noche, una noche que ya se había convertido en día. Entró arrastrando los pies a la mal iluminada tiendita de 24 horas, le pagó por un boleto de lotería (compraba uno cada dos semanas) al serio empleado y rogó breve, pero sinceramente, que *esta vez,* el número escogido le hiciera realidad todos sus sueños.

¿Quién de Ustedes es Como Gastón?

Gastón tenía un buen empleo, muchísimos amigos, un magnífico auto y una gran cantidad de deudas. Su gusto por la ropa cara y elegante, los buenos vinos y las fiestas fastuosas habían hecho un gran hueco en sus finanzas. No tenía cuenta de ahorros de ningún tipo y ningún dinero acumulado en el plan 401(k) que le ofrecía su empresa.

Después de pagar el alquiler de su casa, el pago mensual del auto, la electricidad, el teléfono y otras obligaciones mensuales, no le quedaba dinero para nada más. De hecho, Gastón estaba comenzando a usar adelantos de dinero de créditos nuevos que había conseguido para poder enviar los pagos mínimos a sus tarjetas de crédito. Hasta ahora había logrado a duras penas mantenerse a flote, pero desde hacía poco había comenzado a sentir una molesta y desagradable sensación en la boca del estómago. Una o dos veces se había despertado a medianoche, todo frío y con sudor en la frente... y el miedo de que estaba atrapado en una espiral descendente que lo podía conducir a muchísimos problemas le ponía un peso enorme en la mente y el corazón.

Gastón había crecido en un pueblecito de esos donde solo hay una calle principal y, tal vez, un semáforo. Decidido a experimentar la vida mucho más ampliamente de lo que lo había hecho su familia, desde muy jovencito le comunicó a sus padres su deseo de irse a vivir a Nueva York. Su familia se había preocupado mucho por su querido y tierno Gastón, pues temían que alguien se aprovechara de su buen corazón y su generosa billetera. Pero de todos modos, el chico se había marchado a la gran ciudad, con la determinación de probarle a su familia que él triunfaría.

Hubo meses en que las deudas de Gastón sumaban más

de lo que ganaba, y para completar la diferencia a menudo usaba uno de los cheques que llegaban junto con una de las facturas mensuales. ¡Qué fácil era! Llena el cheque, deposítalo en la cuenta corriente y ¡listo! El saldo de la cuenta volvía a quedar equilibrado. Todo volvía a estar bien nuevamente...

Pero no lo estaba. No hace falta un psiquiatra para darse cuenta de que Gastón se sentía amado cuando daba. Llegó a aceptar el estar endeudado como una situación perfectamente normal, y usaba el poder del plástico de sus tarjetas de crédito para conquistar el afecto de los demás. Siempre era él quien pagaba la cuenta del restaurante, y quien pagaba el taxi donde viajaba con otros pasajeros, algo muy agradable cuando se hace *de vez en cuando,* pero que es, en realidad, el símbolo de un comportamiento potencialmente autodestructivo que tiene fugaces beneficios cuando se lleva a un extremo. La cuestión era que Gastón se sentía solo e insatisfecho con su estándar de vida. Inconscientemente, se servía de sus gastos y sus compras como un medio para olvidarse de su necesidad de caer bien a los demás y de sus sentimientos de inseguridad.

Con mucha frecuencia, un Botarate como el de nuestra historia:

- Toma sus decisiones de compra de manera impulsiva.
- Casi siempre compra en centros comerciales y grandes tiendas donde venden todo tipo de artículos

para tener así la oportunidad de comprar para otras personas.

- Adquiere cosas que no son muy caras, pero sí lo hace con frecuencia.
- No establece un presupuesto.
- Usa tarjetas de crédito y casi siempre está endeudado.
- No lleva cuenta (o, si acaso, muy poca) del dinero que gasta.
- Le parece que ahorrar dinero es algo aburrido e imposible de lograr.
- Por lo general es una persona activa y sociable, y tiene muchas amistades.
- Cuando no puede salir a las tiendas, tal vez se sirva de catálogos de compra y de canales de compras por televisión.
- Su lema de su vida es: "disfruta la vida mientras estás vivo."
- Cree que cuando se tienen dudas hay que guiarse por el instinto... y su instinto le dice que vaya a gastar dinero.

Cómo Aprovechar tus Puntos Fuertes y Evitar los Débiles

¿Tus deseos de comprar son más grandes que tu cuenta del banco? Te ruego que consideres hacer el siguiente ejercicio como un medio para ayudarte a ponerle freno a tu alocado comportamiento financiero:

- Deja en tu billetera una sola tarjeta de crédito. Guarda las demás en una caja de seguridad en tu casa.
- Escribe en un papel las siguientes preguntas y envuelve esa única tarjeta de crédito en ese pedazo de papel. ¿Estás listo? Aquí están:

> ¿Dónde voy a poner este artículo que quiero comprar?
>
> ¿Cómo lo usaré?
>
> ¿Con qué frecuencia lo usaré?
>
> ¿Cuántas horas tendré que trabajar para pagar este artículo?
>
> ¿Qué otra cosa puedo hacer con el dinero que me gastaré en él?
>
> ¿De qué forma me ayudará?
>
> ¿Puedo vivir sin problemas si no lo compro?

La próxima vez que vayas a extraer tu tarjeta de crédito de la billetera para hacer una compra, lee esas preguntas antes de entregarle el plástico a la empleada de la tienda. Si aún después sigues convencido de que tienes que hacer ese gasto, hazlo. Si no, dile a la vendedora que has cambiado de parecer, coloca la tarjeta—envuelta en el papel escrito— de nuevo en tu billetera y vete de allí.

Lo que Sucede Ahora

¡Ya verás qué clase de vida te espera, mi queridísimo Botarate, cuando te decidas a hacer que tu dinero se multiplique sin que tengas que sudar tanto! Si estás dispuesto a esperar unos segundos antes de gastarte otro centavo que no se dirija a reducir tus deudas, a alimentarte (y no me refiero a restaurantes caros ni a comida para llevar), a mantenerte sin pasar frío ni calor, a conservarte calentito, seguro y tranquilo en casa, creo entonces que te sentirás muy entusiasmado cuando descubras el mercado de acciones, o la bolsa de valores, como quieras llamarlo. Les digo a mis amigos Botarates: la Bolsa es algo que parece inventado pensando en ustedes.

Quizás no nos conozcamos personalmente—tal vez sí—pero si tuviera que describirte sin haberte visto, yo diría que eres una persona con una gran perspicacia para captar los detalles y las modas, que estás dispuesto a actuar de un momento a otro y que te encanta pensar y cavilar sobre las cosas. ¿Di en el clavo? Puedes enfocar un problema desde numerosos ángulos y concebir soluciones creativas. Eres el tipo de persona que puede trabajar de manera efectiva en un ambiente de gran libertad, ya que casi siempre te sofocan las reglas. Te encanta participar en actividades que tienen un resultado inmediato y de gran impacto.

¡Sí, ya me imagino la sonrisita que tienes ahora en los

labios! Al leer esta descripción te has reconocido. Si es así, déjame informarte, querido mío, que eres el candidato perfecto para la madre de todas las inversiones: ¡bienvenido al mercado de acciones! Tú tienes la posibilidad de ser en parte dueño de cualquier compañía del mundo que ponga un pedacito suyo en venta en la bolsa de valores.

No tienes que ser rico, ni ser presidente de una empresa, ni tener un doctorado en finanzas, ni tampoco es necesario que entiendas los gestos y muecas extrañas que hacen todos esos tipos con chalecos de colores brillantes en la Bolsa de Nueva York. Pero lo que *sí* necesitas es comprometerte a dedicar un poco de tu tiempo y tus neuronas a la tarea de entender el mercado de acciones. Lo que *sí* necesitas es asegurarte de no entrar con antiparras—como un caballo que no sabe adónde lleva su carreta—en un mundo que no conoces.

¿Por qué la gente como tú y como yo compramos acciones de la bolsa? Pues porque de aquí a un tiempo queremos endosárselas a otra persona que pague por ellas un precio más alto que el que pagamos nosotros. Una acción pudiera ponerse a nuestra disposición si una compañía que hasta ese momento era privada decide hacerse pública. Por ejemplo, si un negocio que es propiedad de una familia específica necesita buscar más dinero para expandir sus operaciones, para hacer investigaciones, o hasta para enviar a su heredero a una de las universidades más caras y prestigiosas de los Estados Unidos, tiene que acrecentar su capital. Sí, es cierto que podrían pedir dinero prestado al banco, pero eso significa que la compañía tendría que pagar el préstamo, y con intereses, la cual no es siempre la opción más atractiva. También pueden decidir dividir el negocio en pedacitos, como si fueran las piezas de un rompecabezas. Cada sección de ese rompecabezas representa una acción. Una compañía se "hace pública" o "sale al mercado" cuando pone a la venta estas piezas en la bolsa de valores.

Google, la maquinaria de búsqueda de la Internet—y mi aliado más fiel mientras escribía este libro—puso a la venta los valiosísimos pedazos de su compañía al precio inicial de $85 por acción.

Cada acción o "pieza" de Google alcanzó el precio de $300 en menos de un año después de la fecha en que hizo su Oferta Pública Inicial (un momento conocido en inglés con las cifras IPO, de *Official Public Offering*), que es para esa compañía como la "fiesta de gala" con que antes las jovencitas eran presentadas en sociedad. En fin, que el IPO es como la fiesta de quinceañera de una compañía. Imagínate, si compraste diez acciones de Google ese primer día, pagaste por ellas un total de $850 (más el costo de transacción que debes abonar cuando se compran y venden acciones). ¡A los pocos meses habrías podido venderlas por $3,000! ¿Ahora sí me estás haciendo caso, verdad? ¡Qué bueno!

Por supuesto que esto no se da en todos los casos. Para que no haya problemas—porque no quiero verte con un traje a rayas tras las rejas de una pequeña celda—es necesario que entiendas que no todas las acciones prosperan tanto como lo hicieron las de Google, y aún no está claro si las acciones de Google continuarán su tendencia a subir de precio.

Cuando el precio de una acción aumenta, el precio nuevo representa cuánto dinero por acción recibirás si la vendes. Piensa en eso como cuando, en una venta de garaje, compras algo al que le han puesto el cartelito de *"as is"*; eso quiere decir que el vendedor no te da garantía de que el artículo que adquieres vaya a funcionar cuando llegues a tu casa y lo pruebes. Pero precisamente el riesgo que conlleva una inversión en el mercado de acciones puede darle mucha más emoción al hecho de "salir de cacería" en busca de la acción adecuada.

No sé si te habrás dado cuenta, pero cuando las mujeres van al baño en un restaurante, lo hacen en manada. Creo que tal vez eso sucede porque la Madre Naturaleza le envía una señal de emergencia al resto del grupo de féminas, o quizás es por el hecho de que a las mujeres nos gusta congregarnos lejos de nuestros hombres para compartir un momento de compenetración. Sea cual sea la razón, las mujeres no son las únicas que tienen la tendencia de volar juntas: a las acciones les pasa lo mismo. Cuando una acción de una industria determinada aumenta de precio, otras compañías que pertenecen a esa misma industria también suben de valor, con lo que se crea una tendencia que se impulsa a sí misma, hasta que algún suceso importante la detiene.

Es común que las acciones de compañías que son parte

de la misma industria, como las acciones de la industria médica, por ejemplo, comiencen a subir de valor al mismo tiempo. Un inversionista exitoso se aprovechará de este fenómeno si identifica cuál es la tendencia en ese momento en el mundo de las inversiones.

Por suerte, no es necesario ser un detective de acciones que registra la industria en busca de los Googles y los Microsofts. En lugar de eso, podemos comprarlas todas juntas de una sola redada, contando con que las compañías que están a la delantera se lleven a sus hermanas más débiles junto a ellas para ir en búsqueda de precios más altos.

Este es un tipo de inversión relativamente nuevo en la fauna financiera. Se llama *Exchange Traced Fund,* también conocido por sus siglas en inglés, ETF. No dejes que el nombre te asuste; solo son "cestos" de compañías que—al igual que algunas piezas de ropa interior—vienen en paquetes de más de una unidad.

Cada dólar que inviertes en un ETF se divide en partes iguales entre todas las compañías del grupo. El resultado del ETF es que cuando inviertes de esta manera, no puedes escoger las acciones con las que te quedas. Si vendes, lo vendes todo. Los fondos de los ETF tienen nombres curiosos, como Diamonds, Qubes y Spiders, entre otros.

Los Qubes, por ejemplo, representan un ETF que ha agrupado las acciones concentradas en la tecnología que son parte del Índice NASDAQ 100, mientras que los Spiders contienen compañías que son parte del Índice S&P 500.

¿Dónde puedes encontrar los mejores ETF para comprar? Si eres como yo, prefieres buscarlos en tu computadora en vez de hojear el periódico o repasar innumerables revistas y publicaciones especializadas. Un sitio que te puede ahorrar mucho tiempo es www.morningstar.com, donde se brinda información básica acerca de los ETF, te dice lo que son y te enseña cómo comprarlos. Este sitio tiene, sobre todo, una valiosa página (un *screener*) donde encontrarás los diferentes ETF y en la que te indican cómo se han comportado a lo largo de los años.

Si antes te había parecido que invertir en fondos mutuos es una actividad tan excitante como sentarte a mirar cómo se seca la pintura de una pared—y no crees que eres capaz todavía de seleccionar, comprar y vender acciones individuales por ti mismo—quizás los ETF puedan satisfacer tu necesidad innata de acción y rapidez, sin sacrificar por ello tu relativa seguridad, ya que tendrás la tranquilidad de saber que no has puesto tu dinero en una única compañía.

INVIERTE CON TUS AMIGOS

Si por naturaleza eres una persona sociable a quien le gusta la compañía de los demás, una manera excelente y económica de participar en la bolsa de valores es formar un club de inversiones. Un club de inversiones no es más que un grupo de amigos—según he visto, más o menos diez personas es la cantidad ideal—que se juntan, reúnen su dinero, su inteligencia y su experiencia para invertir colectivamente en el mercado.

Déjame decirte que en los clubes de inversión te diviertes muchísimo y la pasas súper bien. Los encuentros de planificación se pueden hacer como fiestas, las reuniones para recaudar fondos personales pueden ser oportunidades para llevar a cabo agradables veladas sociales... y lo mejor de todo es que solo tienes que contribuir con $10 al mes al fondo común. Habla con amigas y amigos en quienes confíes para que se unan contigo en esta aventura; te vas a sorprender cuando descubras que ellos también han pensado en participar en el mercado de acciones por sí solos. Ve a www.bivio.com y encontrarás allí un sitio excelente donde te indican cómo funcionan estos clubes y cómo vigilar el avance de tu inversión.

Los clubes de inversión ofrecen maravillosas oportunidades para reunirse socialmente y son un excelente medio para hacerte ganar dinero *en lugar de* gastarlo. No hay necesidad de reunirse en una esquina del centro comercial o en el restaurante. Por el contrario, cada mes un miembro diferente del grupo puede celebrar el encuentro en su casa.

He sido testigo de cómo algunos clubes de inversión han logrado lo que muchísimos asesores financieros, incontables libros de autoayuda y varios años de terapia no han podido hacer: rehabilitar a personas que gastan de manera obsesiva en busca de nuevas emociones, y convertirlas en minimagnates financieros. A ti que te encanta comprar, descubrir una inversión lucrativa te va a parecer la más fantástica experiencia de compra, además de que podrás compartir con tus amigos y tus seres queridos este eufórico estado de bienestar. El resultado será que en vez de vaciar cada vez más tus bolsillos, llenarás tu vida de más relaciones valiosas.

En el Futuro

Cuando ya hayas concentrado tus energías en disfrutar el proceso de invertir de manera inteligente, llegará la hora de enfrentar la otra cara del éxito financiero: cómo controlar el dinero que sale de tu bolsillo.

Si yo te preguntara qué estás haciendo a favor de tus finanzas, quizás pienses contarme lo que haces para que el dinero cubra tus gastos mensuales. Pero esta perspectiva de tan poco alcance sobre tu situación monetaria no te permite ver el panorama en términos más generales. Para realmente triunfar financieramente es necesario que entiendas las posibles consecuencias de *cada una* de las decisiones que tomas. Por ejemplo, digamos que vas a comprar o a alquilar un auto. Si usas la idea de "mes a mes," probablemente calcularías lo que puedes pagar cada mes y, armado de ese conocimiento, te irías a la agencia de autos.

Después de entrar, el vendedor se te acercaría y, en algún momento de la conversación surgiría el tema del pago mensual. Esa información es esencial para el vendedor. Al decirle la cantidad que estás dispuesto a pagar mensualmente por esa belleza sobre ruedas que tanto te gusta, has mostrado tu mano de cartas demasiado pronto.

He visto a dos personas que compraron el auto de sus sueños en la misma agencia, y cada uno arregló un plan de pagos por el cual pagaría a la agencia la misma cantidad de dinero al mes. La gran diferencia es que uno de ellos obtuvo un arreglo de compra favorable y al otro le zumbaron por la cabeza el peor arreglo posible. ¿Cómo es posible que esto sucediera? Pues, porque el primer comprador se concentró en el *costo total del auto*, mientras que el segundo se conformó, sencillamente, con mantener pagos mensuales bajos.

Al concentrarte en el costo total del auto, después de incluir todos los intereses y los costos, puedes comparar el valor real de tu compra. Asegúrate de investigar de antemano (la Internet nos lo hace tan fácil que sería una pena que no aprovecharas toda la información que ponen a tu alcance) antes de entrar en la agencia y así sabrás cuánto dinero pagó esa empresa por el vehículo que tú quieres comprar y cuál es su verdadero valor en el mercado. Eso se define como el precio promedio verdadero pagado por el mismo vehículo en la zona donde vives. De ese modo, sabrás cuánta ganancia está obteniendo el concesionario, con lo que no caerás en la eterna trampa del vendedor: "Oye, hermano, en realidad yo pierdo dinero con esta venta." Toda esa información la puedes encontrar en sitios como www.edmunds.com.

Cuando ya hayas determinado cuál es el precio total del auto, calcula las condiciones de pago. No olvides multiplicar los pagos mensuales requeridos por la cantidad de meses que te llevará liquidar el vehículo. Esa cifra, menos el costo del automóvil, representa los costos de interés y otros cargos que han sido añadidos a tu cuenta.

Muchos consumidores también usan la cantidad que pueden pagarle cada mes a las compañías de tarjetas de crédito para calcular cuánto pueden usar de su crédito disponible. Esta es una costumbre muy peligrosa.

Si solo pagas el saldo mínimo que señala la cuenta de tu tarjeta de crédito, te vas a demorar años en liquidar la deuda. Por ejemplo, quizás puedas arreglártelas para enviar $20 mensuales para pagar el estéreo de $1,000 que compraste, pero te llevaría más de doce años pagarlo todo si enviaras solo el mínimo que te exigen todos los meses, lo cual conlleva un costo de financiamiento del 17 por ciento.

Si multiplicas $20 por 144 meses (doce años), el costo real de ese estéreo ¡sería de casi $3,000! ¿Cuánto tiempo necesitarías trabajar para pagarlo? ¿Vale la pena?

Aquí te doy algunas recomendaciones para manejar la deuda de tu tarjeta de crédito:

- Celebra una reunión con todas tus tarjetas de crédito; sencillamente ponlas una detrás de otra, en fila como soldaditos, sobre la mesa del comedor.
- Escribe en un pedazo de papel cuánto debes y cuál es la tasa de interés en cada una de ellas, así como los números de teléfono gratis (1-800) de cada compañía.

- Ve a www.bankrate.com y mira la sección sobre crédito, donde están las más recientes ofertas de compañías que brindan tasas de interés bajo o 0 interés. Asegúrate de leer bien los detalles en letras pequeñas. En muchos casos, si te demoras en pagar o no pagas un mes, lo más seguro es que el interés que te cobrarán será enorme.

- Llama a la compañía con la tasa de interés más alta y diles que tú sabes de ofertas que van de un interés muy bajo hasta 0 por ciento de interés, y que si ellos no te reducen el interés que te están cobrando, tú vas a transferir tu cuenta a esas compañías de tarjetas de crédito. Si la persona en el teléfono te dice que él o ella no tiene autorización para hacer ese ajuste, pídele hablar con un supervisor. Te asombrarás de lo dispuestos que estarán a reducir tu tasa de interés con tal de que sigas siendo su cliente. Lo cierto es que a las compañías de tarjeta de crédito les resulta mucho más caro obtener un cliente nuevo que tener una pequeña pérdida contigo.

- Una vez que hayas llamado a cada una de tus cuentas, vuelve a escribir tu lista y anota al lado de cada tarjeta el nuevo interés.

- Quizás incluso puedas pensar en transferir el saldo de la cuenta con el mayor interés a la que tiene el menor. Esto no solo hará que una mayor parte de tu paga se dirija a la reducción de tu deuda, sino que también simplificarás tus finanzas al reducir la cantidad de pagos que tendrás que hacer cada mes.

Antes de llevar a cabo este ejercicio, visita el sitio Web donde puedas solicitar un informe de crédito gratis de cada una de las tres agencias de crédito: Experian, TransUnion y Equifax. Allí encontrarás una manera fácil de enviar tu solicitud si visitas www.annualcreditreport.com. Tienes derecho a un informe de crédito gratis de cada una de estas agencias cada doce meses.

Es muy importante que examines con cuidado tus informes de crédito, ya que pueden contener serios errores que podrían afectarte durante años. Si encuentras un error, repórtalo inmediatamente a la agencia *por escrito* y calcula aproximadamente cuarenta y cinco días para que respondan a tu solicitud y lo corrijan.

Quizás también te den la opción de pagar una pequeña cantidad para recibir, junto con tu informe de crédito, tu puntaje FICO. Esta cifra representa, en una escala de aproximadamente 300 a 900, qué calificación te dan los prestamistas. Mientras más alto sea tu puntaje, más atractivo te vuelves ante los ojos de un posible prestamista y mejores serán los términos del préstamo que te ofrezcan.

Pero el sector de los préstamos no es el único afectado por este sistema de puntos. Empleadores, compañías de seguros e incluso el dueño de la vivienda que alquilas pueden pedir tus puntajes y, según los resultados, tomar la decisión de si te contratan, te aseguran o te toman como inquilino. Puedes aprender más sobre los puntajes FICO y cómo te afectan, si visitas www.myfico.com.

¿ME DAS EL SOBRE, POR FAVOR?

Mientras formulas tu plan de eliminación de deudas, podrías aprender un poco acerca del "sistema del sobre" para evitar gastar demasiado. Es un método un poco extremo, pero para el Botarate—tipo Gastón—que se deja llevar por sus instintos, la naturaleza visual y táctil del sistema del sobre convertirá en algo bien real el concepto del gasto presupuestado.

Así es como funciona: confecciona una lista con los nombres de cada gasto que haces al mes, comenzando primeramente con tu hipoteca o alquiler, la comida, el transporte, los seguros (médico, de propietario de vivienda, de inquilino, del auto), los servicios de empresas públicas (electricidad, agua, teléfono), el celular, los gastos de entretenimiento, la ropa, etc. Dedica un sobre para cada una de estas categorías.

Cada vez que recibas tu cheque salarial, cámbialo y coloca el dinero para cada gasto en el sobre que le corresponde. Por ejemplo, si tu alquiler mensual es de $400 y te pagan dos veces al mes, tendrás que colocar cada período de pago $200 en el sobre que dice "Alquiler." Cuando hayas gastado la cantidad asignada para una categoría específica en un sobre, se acabó, el dinero se fue y no deberás gastar más dinero en esa categoría.

Puedes ajustar las cantidades de vez en cuando. Asegúrate de tener un sobre con tu propio nombre. Ese dinero se dedicará a ahorros que usarás en caso de que se te presente un gasto imprevisto. Este método es excelente para aquellas personas que a fin de mes exclaman, "¡¿Pero adónde se me fue el dinero?!" Y ni hablemos de cuánto vas a ahorrar en los costos de los cajeros automáticos o máquinas ATM. Para lograr que tu sistema del sobre funcione con eficiencia, puedes pedirle a tus acreedores que cambien el ciclo de sus cobros para que coincida con tus períodos de pago. La mayoría harán el ajuste con todo gusto.

Es un mito que los niveles de ingreso sean la causa principal de los problemas financieros de la mayoría de los estadounidenses. En realidad, la culpa la tienen los malos hábitos de gasto. Puede haber seguridad financiera con un ingreso muy modesto; ahorrar dinero puede ser mucho más fácil de lo que piensas.

Por ejemplo, si ves que gastas $3 en pastelitos todos los días, esa cantidad suma hasta $90 al mes, lo que suma $1,000 al año. Si evitas gastar en esos pastelitos (¡no dejes de comer tu desayuno, pero trata de comerlo en casa!) y abonas un promedio de $70 a tus tarjetas de crédito todos los meses, ahorrarás cientos de dólares al año y contribuirás directamente a la reducción—y, muy pronto, a la eliminación—de tus deudas (y no hablemos de lo que ayudará a que bajes, no de "pesos," ¡pero sí de peso!)

Estar al tanto de lo que gastas no significa que tendrás que eliminar todos tus gustos, pero estoy segura de que descubrirás que muchos de esos gastos que ahora haces de manera casi inconsciente pueden evitarse sin que por eso reduzcas la calidad y el disfrute de tu vida.

¿Eres un Botarate Irresponsable?

Tu comportamiento con respecto al dinero estará guiado por un piloto automático interno a menos que tomes conciencia de él. Hazte las siguientes preguntas para averiguar si tu deseo de ser amado/a y aceptado/a, al gastar más de lo que ganas, es más importante que tus propias necesidades de seguridad financiera.

Marca tu respuesta para cada una de las siguientes afirmaciones:

1. Siempre gasto lo que me permite mi nivel de ingreso, no más.

Sí No

2. Cada período de pago coloco por lo menos el diez por ciento en la cuenta de ahorros.

Sí No

3. Me resulta muy difícil comprar regalos caros para mis amigos.

Sí No

4. Si yo tuviera un lema personal, probablemente sería "Ahorra para cuando te haga falta."

Sí   No

5. En muy pocas ocasiones voy más de una vez a la semana al mercado.

Sí   No

Si contestaste "no" en tres o más de las anteriores afirmaciones, lo más probable es que estableces una conexión entre lo que vales y tu dinero, con lo que te estás perjudicando muchísimo.

¡Deja de hacerlo!

En tu búsqueda de aceptación social puede que hayas perdido tu tesoro más valioso: ¡a ti mismo! Detente y da un paso atrás. Deja de volcarte constantemente en complacer a los demás y pregúntate qué es lo que de verdad te hace feliz a ti. ¿Qué te apasiona? ¿Lo saben tus amigos? ¿Te rodean personas que te inspiran a lograr tus sueños? ¿O estarán quienes te rodean demasiado ocupados tratando de lograr sus propios sueños como para darse cuenta de que existes? No te dejes relegar al olvido. Fórjate el lugar que te mereces en este mundo, no por lo que haces por los demás, sino, sencillamente, porque existes. Es un derecho con el que naciste y que nadie te puede quitar. Tú mereces ser amado y apreciado. No te conformes con menos. Ni ahora, ni nunca.

Un Consejo de Corazón

Y tú, ¿qué necesitas? Olvídate por un momento de los deseos de los demás. Deja de lado la satisfacción de los otros. Mírate y pregúntate qué es lo que tú anhelas. Mírate y pregúntate si realmente sabes quién eres.

¿Quién eres? No quien aparentas ser. ¿Necesitas realmente agradar y seducir a los demás? ¿Qué pasaría si no lo hicieses? ¿Te lo has preguntado alguna vez? No estoy sugiriendo que te transformes en una persona hosca y antipática. Lo que te estoy proponiendo es que por un instante levantes el pie del acelerador de tu vida y te des el permiso de pensar y decidir qué es lo que tú deseas.

¿Realmente deseas, jugar el rol que has elegido para ti? ¿Te gusta el personaje que has construido? Todos jugamos un rol en la vida, todos nos forjamos un personaje, o más de uno. Tú no *eres* médico, abogada, ingeniero, mesera, vendedor o periodista. Tú te *dedicas* a la medicina, a la abogacía, o a lo que sea que te dediques. No eres malhumorado, simpática, resentida, serio o distraído. En cualquier momento de tu vida puedes decidir cambiar de actividad, de hecho muchísima gente lo hace. Y de igual modo, en cualquier momento, puedes cambiar la manera en que te paras ante el mundo.

Ser y ejercer, y ser y estar, son cosas muy diferentes. Tu verdadera esencia, tu ser interior, es eso lo que tú "eres." Puedes estar ocasionalmente—o con demasiada frecuencia—malhumorado. Pero no lo *eres*. Si así fuese no tendrías la oportunidad de cambiar y si hay algo que sí puedes hacer, justamente, es cambiar la actitud, el estado de ánimo o de actividad, cuando así lo decidas.

No te sientas obligado a mantener el personaje que has ido forjando. No lo des por sentado. Tú eres una persona tan valiosa como cualquiera de todos aquellos a los que tratas de halagar. A ti te encanta jugar, y disfrutas con esa imagen un poco rebelde y bastante divertida que los demás tienen de ti. Entonces, ¿por qué no te sales de tu rol y juegas un rato? Deja de intentar agradar a los demás y fíjate qué pasa. Quizás al principio te sientas algo incómodo. Te estarás poniendo un nuevo disfraz. Así que es lógico que te incomode un rato, hasta que se ablande, hasta que tú te ablandes en él.

Cuando uno cambia de actitud genera, indefectiblemente, cambios en el entorno y el cambio produce resistencia. Por lo tanto, es probable que al igual que tú, al principio los demás se sientan incómodos con el nuevo rol que tendrán que jugar al no tomar tú la iniciativa. Cuando no seas tú el que pida la cuenta en el restaurante, ni el que salte rápidamente para hacerse cargo de ella, otro tomará la iniciativa.

Si no puedes hacer frente al obsequio soñado de alguien, cómprale algo que sinceramente creas que le va a gustar. Elígelo con dedicación y afecto, pero teniendo presente que no todo tiene que ser perfecto. Lo bueno también sirve. Muchas veces lo que resulta perfecto para uno termina siendo un problema para otro. Así que un buen regalo puede terminar siendo bueno para ambos. Para quien lo recibe y para ti.

Además, no dudes en confesarle al receptor del obsequio que te habría encantado poder regalarle tal o cual cosa, aquello que tú sabes que sería el ideal. Dile también que has elegido algo que, de todas maneras, consideras especial para él—o ella—y que está dentro de tus posibilidades. La sinceridad es uno de los valores más apreciados entre los amigos, ¿verdad? Por lo tanto, prueba ser lo que eres y lo que puedes, y verás que con una actitud semejante obtienes respuestas tan auténticas como el mensaje que tú emites.

Pruébalo, experiméntalo y quizás te lleves una agradable sorpresa al darte cuenta de que tú también puedes ser halagado; de que es posible conectarte con tu deseo y con tus reales posibilidades; de que puedes ser fiel a eso que has descubierto. Nunca es tarde para intentarlo.

5

EL AGARRADO MIEDOSO

Había una vez un Agarrado Miedoso

"El que mucho ahorra, será el muerto más rico del cementerio."
—*Graffiti muy sabio encontrado en una pared*

Prudencio había trabajado muy duro a lo largo de muchos años por cada centavo que tenía. Desde jovencito, se levantaba al amanecer los fines de semana y caminaba a lo largo de media milla hasta el elegante y adinerado barrio donde realizaba diversos trabajos para una fiel clientela de ricos propietarios.

No pienses que Prudencio usaba sus ganancias para comprar revistas de historietas o para salir en citas románticas con las chicas. Nada de eso. El dinero que Prudencio llevaba a casa todas las semanas se empleaba en pagar por la ropa que él y sus hermanas necesitaban para ir a la escuela. Después de todo, su padre siempre dijo, tal vez no de una manera muy original, pero sí con convicción de sobra: "Hijo mío, el dinero no crece en los árboles." El padre de Prudencio se sabía proverbios suficientes como para llenar un libro, y también repetía sus ideas sobre métodos de ahorro, así como anticuados y simples consejos financieros. La filosofía financiera de su padre era una variación de lo que al hijo le parecía lo único verdadero acerca del dinero: mantenlo escondido a buen recaudo, hasta escondido de ti mismo, y tendrás paz mental durante muchos años.

Ahora, con su propia familia, Prudencio estaba decidido a seguir la honorable tradición familiar de frugalidad que había aprendido de sus padres, pero no era fácil. ¡Sobre todo en el mundo actual! Su propia esposa, por lo general tan razonable, lo tenía ahora acorralado en la cocina.

"Prudencio." dijo Silvia, con una mano apoyada en la cintura y la otra blandiendo una espumadera que apuntaba hacia los bolsillos de su marido. "Prudencio, te lo estoy pidiendo muy calmadamente. Por favor, dame la chequera." Prudencio cerró los ojos y sacudió la cabeza solemnemente.

"¿Por qué no, Prudencio?" Si a estas alturas ella era incapaz de entenderlo, pensaba él, ¿cómo podía explicárselo? ¿Cómo era posible que Silvia no se diera cuenta de que su hija no necesitaba, bajo ninguna circunstancia, doscientos dólares para comprarse la ropa de *cheerleader*? ¡Qué horror! ¿Por qué es que habían dejado que las cosas llegaran a este extremo? Como quiera que se mirara, las *cheerleaders* hacían actividades peligrosas. ¿Y si la chica se caía de una de esas pirámides y se rompía la cabeza? No, no y no. Él ni siquiera podía ponerse a discutirlo. Era obvio que la cuestión era absurda.

"Prudencio. Muy pocas veces abro la boca cuando se trata de las finanzas familiares. Cuando haces palomitas de maíz en la casa y las metes en una bolsa antes de irnos para el cine—¡la única vez que vamos al mes!—te doy la razón. Jamás me burlo de ti cuando te desvías veinte millas del camino para llenar el tanque del automóvil en la gasolinera que tiene los precios más baratos de la ciudad. Jamás he puesto reparos a tu idea de que nunca hay suficiente y que tendremos que sacrificarnos hoy, si es necesario, para tener bastante para mañana."

¡Ahora sí estaba su mujer pensando de forma razonable! Prudencio siempre había sabido que, no importa lo que un hombre común como él pudiera hacer, siempre había algo más grande y poderoso que él—fuera la sociedad en general, el gobierno o las grandes corporaciones—contra lo que un tipo sin importancia nunca podría enfrentarse. Aunque el dinero y los costos cada vez más altos de mantener una familia era un tema del que se hablaba en la casa con frecuencia, la idea de cuánto dinero tenían o de cuánto necesitarían en el futuro jamás formaba parte de sus discusiones.

"Prudencio, no pienses que no me interesa nuestra situación financiera porque he dejado que te hagas el bobo y no me digas la verdad acerca de eso. ¿Te acuerdas del planificador financiero?"

"Sí, me acuerdo. Yo fui a verlo, ¿no?" Prudencio trató de alejarse de la espumadera, pero Silvia se la sacudió en la cara, como tratando de recordarle lo que en realidad había sucedido. Hacía unos cuantos años, ante la insistencia de su esposa, se habían reunido con un planificador financiero. "¡Sí!" había pensado Silvia, "¡esta será la oportunidad perfecta para que me entere de cuánto dinero tenemos en realidad!"

Por desgracia, Prudencio solamente intentó responder las preguntas del planificador en los términos más vagos: "Algo así," "No tanto" y "¡Ya quisiera yo!" fueron sus respuestas más concisas. Cuando el planificador se marchó, Silvia seguía sin saber nada de cuánto dinero tenía su familia. Por último, el planificador no pudo ofrecerle a la pareja ninguna alternativa financiera concreta. A pesar de que Prudencio le aseguró a su esposa que le pondría cabeza a lo que el planificador había dicho, jamás lo llamó de vuelta ni pensó más en eso. Prudencio echó a un lado el asunto con la explicación de que él no confiaba en "ese tipo" que probablemente tenía menos dinero que ellos. Y allí murió el asunto del planificador financiero...

Solo Prudencio sabía con cuánto dinero contaban. Todo estaba seguro y bien guardadito en caso de que lo necesitaran en el futuro. Solo él podía cuidar de su seguridad económica y la de su familia. Además de sus varias cuentas de

Las Ventajas de los Agarrados Miedosos

No tienen deudas, no hacen gastos extravagantes y son muy estrictos con sus gastos, por no decir cicateros. Una vida entera dedicada al arte del ahorro permitirá a los Prudencios de este mundo pensar en nuevas formas de acaparar y guardar sus riquezas.

ahorro, Prudencio mantenía un poco de dinero en una caja de seguridad del banco, ya que no tenía que pagar impuestos sobre esa porción, y no hablemos del dinero que tenía escondido tras la tercera fila de losas de la alacena de la cocina... ¡Shhh! ¡Que nadie lo sepa! Prudencio no podía evitar una sonrisita socarrona cada vez que pensaba en lo listo que era.

Esta es una personalidad sumamente interesante. Sus variantes pueden ir desde aquellos que pretextan una vida muy ocupada para ocuparse de sus finanzas, hasta esos que, en el fondo de sus corazones, sienten que el dinero es una fuerza maléfica, y otros que tienen un gran temor a la escasez, lo cual es, en realidad, el miedo a perder el control.

Las Desventajas de los Agarrados Miedosos

En una palabra: temor.

A Prudencio el futuro y el presente lo aterrorizan, y por eso siempre está planificando para el caso de que se presente una emergencia. Por desgracia, la metodología con la que Prudencio va por la vida escondiendo su dinero se basa en una información errónea. Al final, quizás se quede con mucho menos de lo que anticipó, además de la sensación desgarradora de que todo su meticuloso ahorro de dinero no dio resultado.

Aunque Prudencio ansía seguridad, realmente le resulta muy difícil encontrarla. En nombre de esa seguridad, se ha jurado que, si guarda suficiente dinero, siempre estará seguro y ninguna persona ni catástrofe alguna jamás podrá lastimarlo. El dinero se convierte para él en un escudo que lo protege contra todo peligro. A lo que tenía en el banco Prudencio lo llamaba su "dinero sagrado." algo que nunca se podía tocar, y en lo que ni siquiera se podía *pensar*. Para Prudencio era como un camino sin regreso: una vez dentro del banco, ese dinero dejaba de existir. Por desgracia, el dinero que tiene ahorrado y guardado le da un falso sentido de seguridad y cuando llegue el momento de examinar seriamente el estado de sus finanzas, quizás se dará cuenta de que sus "cofres del tesoro" tienen menos riquezas que cuando él los escondió.

A Prudencio—como a muchos clientes que han venido a verme a lo largo de los años en busca de ese tipo de seguridad financiera—le hace falta descubrir que ese cofre nunca estará lleno hasta que él se permita "sentirse" rico.

El Prototipo del Agarrado Miedoso

Una persona ahorrativa en exceso como el Prudencio de nuestra historia, por lo general actúa en respuesta a desilusiones pasadas y al sentimiento de haberse sentido defraudado por una persona que respetaba. El mantra que este temeroso cicatero se repite en silencio es: "Aunque nadie venga a rescatarme, yo voy a asegurarme de que mi dinero me proteja y no tendré que apoyarme en otras personas que puedan defraudarme."

Si eres uno de estos, tu personalidad financiera es realmente el resultado de tu profunda interpretación de las experiencias que has tenido a lo largo de la vida... aunque ya esas experiencias no tengan ningún propósito útil.

> *"El hombre, mientras más tiene, más quiere. Este deseo, en lugar de llenar un vacío, crea otro vacío."*
> *—Benjamín Franklin*

Si te criaste en un hogar donde el dinero se consideraba un símbolo de corrupción y se miraba con desprecio a la gente adinerada, lo más probable es que te sientas culpable si gastas—o hasta si ganas—mucho dinero. Si alguna vez oíste a uno de tus padres, o a alguien que gozaba de autoridad en tu familia, decir cosas como: "eso no es para personas como nosotros." o "esa gente es asquerosamente rica." o "el dinero no es la vida" y "el dinero no compra la felicidad." es imposible que te sientas bien contigo mismo si ganas mucho dinero o si gastas el que tienes.

Si no tienes ni un centavo partido por la mitad, tendrás temor de que tu situación económica nunca mejore, pero si logras acumular un poco de dinero, entonces tu temor te obligará a ocultar que lo tienes porque piensas que eso te protegerá de la envidia o las críticas de los demás. Pase lo que pase, al final te sentirás pobre, inferior, desafortunado y vulnerable.

¿Eres un Agarrado Miedoso? Examina las siguientes características de este tipo de personalidad.

Eres un Agarrado Miedoso si piensas lo siguiente:

- Todo tu dinero se acabará si no lo cuidas.
- No es seguro ni prudente gastar tu dinero ahora porque quizás en el futuro te haga falta.
- Hay fuerzas externas que son las principales responsables de tu situación económica.
- Las cuentas de ahorro son la mejor estrategia para conservar el dinero.
- Al ahorrar, es importante concentrarse en el rendimiento *de* tu capital y no en el rendimiento *sobre* tu capital.
- Cuando se trata de dinero, es mejor prevenir que lamentar.
- Si te comparas con otras personas que tienen una situación económica peor que la tuya, te sientes bien.
- Es mejor no saber que desilusionarse.
- Es mejor evitar el fracaso futuro que lograr el éxito.
- Como no se puede confiar en la gente, es preferible no contar con los demás.
- Es encomiable gastar menos de lo que se puede gastar.
- No te resulta fácil aceptar lo que los demás puedan darte—no es necesariamente por orgullo, sino por tus sentimientos de desconfianza y vulnerabilidad.

Cómo Aprovechar tus Puntos Fuertes
y Evitar los Débiles

Aunque me arriesgue a parecer un poco sentimentaloide, es necesario que te recuerde que, aunque tu principal preocupación como el Agarrado Miedoso que eres sea tu temor a que se te acabe el dinero, el primer paso para conseguir la felicidad y la satisfacción que el dinero puede traer a tu vida es asegurarte de que es la vida la que no se te acaba.

Quizás seas hábil para sacar cuentas, pero deja a un lado tu calculadora—que debe ser un ábaco como los que se usaban en el siglo XIX—por un momento y respóndeme esta pregunta: ¿has hecho un inventario de tu vida últimamente? Lo que quiero decir es, ¿te has preguntado si tienes calidad de vida?, ¿o si tienes tiempo para tu familia y tus seres queridos? ¿Guarda ese tiempo un equilibrio con el tiempo que pasas preocupándote por el dinero?

Dicen que el tiempo es dinero. Bueno, sí y no. El dinero y el tiempo están relacionados intrínsecamente: tanto los puedes *ahorrar* como también los puedes *gastar*. Puedes ganar más dinero si se te acaba el que tienes, pero cuando el tiempo se va, es absolutamente imposible fabricar más. Entonces, la forma en que realmente gastas tu tiempo debería ser más importante para ti que la forma en que gastas tu dinero. ¿No lo crees?

Por lo tanto, el verdadero valor del dinero reside en la calidad del tiempo que ese dinero puede comprarte.

Si verdaderamente quieres sentir el poder de la seguridad que el dinero te da, hazte la siguiente pregunta: ¿cuánto dinero adicional necesitas recibir cada mes para pasar agradablemente tu tiempo de una manera que te haga realmente feliz y te permita compenetrarte más con quienes te rodean?

En lugar de concentrarte en las cosas que pueden salir mal en el futuro, enfócate en lo que deseas para tu porvenir, y luego comienza a dar los pasos necesarios para asegurar que eso suceda. Al desarrollar las metas que tienen un significado especial para ti y para tu familia, recuerda que tendrás que luchar, más de una vez, contra las "promesas" que, de forma inconsciente, te has hecho a ti mismo a lo largo de la vida.

Tal vez cuando te pongas a calcular cuánto dinero necesitarás ahorrar en una cuenta especial de "vacaciones" con tu familia en el Caribe, tu sobria vocecita interior surja sigilosamente y te susurre con suavidad al oído que "este es un viaje superfluo que realmente no *necesitas* hacer." Aunque no lo creas, esa voz interior podría ser más poderosa que la lógica consciente que te impulsa a hacer el viaje. Reconoce su presencia y descártala; no permitas que sabotee tu nuevo y más provechoso derrotero.

Lo que Sucede Ahora

Trata de detectar de dónde viene esa ansia tuya de acaparar tu dinero. Tal vez, cuando eras niño, la situación económica de tus padres no les permitió ahorrar para que la familia se fuera de vacaciones. Pero eso no significa que la misma situación se aplica a ti en el presente. Cuando te des cuenta de que tu pasado desdichado está impidiendo el desarrollo de tu futuro prometedor, puedes plantearte un nuevo plan de vida. Toma lápiz y papel, siéntate—y no olvides a tu familia—y sigue estos pasos:

• Escribe un deseo para cada uno de los miembros de tu familia y para la familia en conjunto.

• Determina una fecha límite para cuándo quisieras lograr ese deseo.

• Luego, pregúntense cuánto dinero necesitarán para conseguir cada una de esas metas.

• Ahora—y sé que esto no te va a ser fácil, porque eres virgen en este territorio—examina todas tus cuentas... sí, incluso la que está debajo de las losas, y asigna un poco de ese dinero a la realización de cada deseo. Puede que sientas la agradable sorpresa de ver que ya has alcanzado algunas de tus metas sin siquiera haberte dado cuenta de ello. ¡Adelante! ¡Disfrútalo!

Quienes no han logrado aún sus metas deben establecer un plan realista de ahorros. Recuerden que acaparar significa ahorrar en exceso sin una razón legítima, pero si le das un *propósito* a cada una de tus cuentas, te sentirás en control de tu destino a medida que te acercas al momento de su realización. Te permitirás disfrutar de un sentimiento de logro a medida que te acercas a cada uno de tus objetivos.

No espero que te conviertas en un temerario financiero con tu dinero. Pero quiero que te familiarices con algunos de los tipos de cuentas que están a tu disposición y que no solo te brindarán un mejor rendimiento del que has estado recibiendo hasta ahora en tu cuenta normal de ahorros o—perdóname que te lo saque a la cara otra vez—en el dinero que tienes detrás de las losas de la alacena, sino que también resultarán atractivas a tu instinto conservador y protector con respecto a tu dinero.

MANTENLO SEGURO, PERO SÁCALE VENTAJA

Digamos que quieres guardar $1,000 o más en un sitio seguro y estás dispuesto a no tocar ese dinero durante un período por lo menos de cinco años. Si la inflación es del 2 por ciento al año, con tus $1,000 solo podrás adquirir $980 en el mercado al final de los primeros doce meses, ya que el costo de la vida ha aumentado ese 2 por ciento. ¡Qué barbaridad! Deja el dinero allí y míralo perder otro 2 por ciento de su valor al año siguiente. Es como si tu dinero diera dos pasos atrás cada año que sigue en tu escondite secreto.

A ese ritmo, al final de los cinco años, tus $1,000 solo valdrán $903.92. Eso significa que has perdido más del 10 por ciento de tu poder adquisitivo. Puede que tu dinero haya estado a salvo de Alí Babá y los cuarenta ladrones, pero sin duda que no estaba seguro de ese avaricioso comején llamado inflación. Con esta breve información puedes comenzar a entender que, para poder ir a la delantera del

Agarrados Miedosos a Través de las Épocas

La historia está llena de personajes excéntricos que actuaron de manera parecida a como lo hace Prudencio. No tiene nada que ver con la cantidad de dinero que tenían en sus cuentas bancarias.

Comencemos con una señora que se llamaba Hetty Green (1834–1916), la mujer más rica del mundo en su época; a pesar de eso, llevaba a cabo sus negocios sentada en el piso del Seaboard National Bank, en Nueva York, en medio de baúles y maletas llenas de sus documentos... y todo porque no quería pagar el alquiler de una oficina.

110

Hetty era tan tacaña con su dinero que cuando su hijo Ned, de niño, se fracturó una pierna, ella trató de cuidarlo en casa para ahorrar dinero, pero al pobre chico tuvieron que amputarle la pierna debido a la falta de atención médica. Ned tuvo que usar una prótesis de corcho por el resto de su vida. Aunque su fortuna se estimaba en alrededor de cien a doscientos millones de dólares, Hetty usaba el mismo vestido negro y la misma ropa interior hasta que, prácticamente, estaban hechos trizas.

¿Y qué me dices de J. Paul Getty, quien se convirtió en el hombre más rico del mundo en 1957 y tenía teléfonos de moneda instalados en cada una de las setenta y dos habitaciones de su mansión en Inglaterra?

Y luego tenemos al Tío Rico Mac Pato, el famoso personaje caricaturesco de Walt Disney, que a pesar de su enorme fortuna, guarda aún con celo la primera moneda de diez centavos que ganó en su vida.

inevitable deterioro del valor de tu dólar, tienes que poder sacarle una ganancia a tu dinero de una cantidad que sea por lo menos igual a la de la inflación.

En el Futuro

Entonces, ¿te interesaría saber que hay un tipo de cuenta que no solo garantiza que no vas a perder parte de tu depósito, sino que también te garantiza que solucionará cualquier tipo de daño causado por la inflación al compensar la diferencia? Este tipo de cuenta se llama TIPS, (*Treasury Inflation Protected Securities* o Valores del Tesoro Protegidos de la Inflación).

TIPS es ofrecida por el Tesoro de Estados Unidos, la rama del gobierno que maneja y distribuye el ingreso necesario para el funcionamiento de todas sus oficinas. Parte de este ingreso—aparte del dinero que toman de nosotros—proviene de préstamos que nosotros podemos hacerle al gobierno. Estos préstamos se llaman en inglés *Treasuries* (Tesoros). Se considera que los *Treasuries* son las más seguras de todas las posibles inversiones, ya que tienen el respaldo del mismo gobierno de Estados Unidos. TIPS, por tanto, son *Treasuries* que ajustan el saldo de tu cuenta, según la tasa de inflación, para asegurarse de que cuando retires dinero de esa cuenta, cada dólar que hayas depositado valga lo mismo que valía el día que hiciste tu depósito inicial.

A mí me encanta la filosofía de las TIPS, pero me gustaría poder aplicarla a algo más que dinero en una cuenta. ¿Te imaginas si pudiéramos garantizar que nuestro vestido de novia todavía nos quedara en el aniversario número 25 del matrimonio, igual que el día que nos casamos? Bueno, olvidemos las fantasías. Por ahora, las TIPS funcionan de maravillas sin tener que pedirles más. Y eso no es todo lo que pueden hacer, ya que además de ofrecerte la garantía mencionada, las TIPS te pagan interés sobre tu dinero dos veces al año, sin que tú tengas que pagar impuestos federales ni estatales sobre tus ganancias.

"¿Y dónde está la trampa?" posiblemente me vas a preguntar. ¿De qué me extraño que lo preguntes?, si tú eres la más sospechosa de todas las personalidades financieras. Te aseguro que no hay trampa; todo lo que tienes que hacer es dejar tu dinero en la cuenta, sin tocarlo, durante el período establecido al comienzo del acuerdo, lo que podría ser cinco, diez o veinte años. Para más información sobre TIPS si visitas el sitio oficial del gobierno en www.publicdebt. treas.gov.

TAMBIÉN PUEDES ESCOGER LO QUE HAY TRAS LA PUERTA NÚMERO DOS

Si te gustan las garantías, pero quieres tener la posibilidad de ganar un rendimiento más alto de lo que pagan las cuentas de ahorro o las TIPS, puede que te interese una anualidad. Una anualidad es una cuenta que abres con una compañía de seguros, no con un banco ni tampoco con el gobierno. ¡Y no te someten a un análisis de sangre ni a un examen de salud! Una anualidad no es más que un tipo de cuenta en la que depositas tu dinero a cambio de obtener un pago de interés. Hay dos tipos de anualidades: la fija y la variable.

En este libro solo hablaré de las anualidades fijas, ya que una anualidad variable invierte tu dinero en fondos mutuos que posiblemente pierdan valor a lo largo del tiempo, y como te conozco y muy bien, no quiero que pases la página sin que antes escuches lo que tengo que decirte.

Con una anualidad fija realizas un compromiso a largo plazo, ya que se supone que estas cuentas se usan para ingresos luego de la jubilación. Debes planificar que usarás el dinero que tengas en ella después que cumplas cincuenta y nueve años y medio de edad, o más, pero ni un día antes. Si eres capaz de no tocar ese dinero hasta ese momento, o si ya tienes más de esa edad, entonces una anualidad fija podría ofrecerte la oportunidad de ganar un rendimiento mayor que el que recibirías en una cuenta de ahorros (algunas anualidades fijas llamadas en inglés *index annuities*, o anualidades indexadas, te pagan una tasa basada en los aumentos del valor del mercado de acciones), sin perder la garantía de que tu dinero recibirá una tasa fija de rendimiento, por lo general de alrededor del 3 por ciento al año.

Otra ventaja de las anualidades es que, hasta el momento en que retires el dinero, no tienes que pagar impuestos sobre las ganancias que recibas en tu cuenta. Eso significa que tu cuenta crecerá mucho más rápidamente de lo que lo habría hecho si tuvieras ese dinero en el banco, donde sí habrías tenido que declarar tus ganancias anuales al final de cada año y pagar impuestos sobre ellas, inclusive si no hiciste retiros de dinero. Como ves, mi querido Agarrado Miedoso, hay sitios en donde puedes colocar tu dinero para que trabaje para ti, sin que ello implique sacrificar la necesidad de seguridad que es una parte natural de tu personalidad.

No es difícil lo que tienes que hacer: sencillamente, dale a cada cuenta un propósito definido y prueba estas dos alternativas, lo cual ampliará tus horizontes y te permitirá expandir tu conocimiento acerca de cómo manejar tu dinero. Verás que cuando tu ansia de ahorro tenga un propósito, comenzarás a sentir que tienes aun más control de tu dinero y de tu vida.

¿Eres un Agarrado Miedoso?

· · · · · · · · · · · · · ·

En caso de que todavía no quieras reconocerlo, he aquí una lista de cinco afirmaciones sobre las que quiero tu opinión; con eso veremos si tus decisiones financieras están guiadas por el temor.

Marca tu respuesta para cada una de las siguientes afirmaciones:

1. Cuando era niño, siempre me daban todo lo que pedía.

   Sí No

2. A mis padres el dinero no les causaba preocupaciones y se sentían ricos, aun cuando no tenían mucho.

   Sí No

3. De niño, mis padres me daban para mis gastos bastante dinero a la semana, con lo cual compraba todo lo que yo quería.

Sí   No

4. Mis padres a menudo gastaban su dinero en agradables actividades familiares.

Sí   No

5. Jamás oí decir a mis padres: "no tenemos dinero para eso."

Sí   No

Si respondiste "No" a tres o más afirmaciones, puede que necesites hablar con esa vocecita que tienes en tu interior y darle la seguridad de que tú eres perfectamente capaz de protegerte a ti mismo y a tu familia sin necesidad de tener que esconder tu dinero por puro temor.

"La seguridad es mayormente una superstición,
no existe en la naturaleza, ni la experimentan todos
los seres humanos. Evitar el peligro a largo plazo
no resulta más seguro que la exposición directa.
La vida es una audaz aventura o no es nada."
—Helen Keller

Saca ese esqueleto de tu armario financiero. No se trata de acumular la mayor cantidad de dinero posible. El sentimiento de abundancia proviene de lo siguiente:

- Saber que realmente tienes la cantidad que necesitas
- Que, inclusive *si* algo catastrófico sucediera—que Dios no lo quiera—tú puedes confiar en tu propia inteligencia y tus propias habilidades para satisfacer tus necesidades básicas.

En realidad todo consiste en ser feliz con menos, no en ser infeliz porque quisieras tener más.

Un Consejo de Corazón

Tener miedo no es malo. El miedo es uno de los mecanismos de defensa más sabios que existen. Tener miedo es muchas veces necesario y hasta imprescindible. Si no tuvieses miedo asumirías excesivos riesgos para ti y para quienes te rodean.

El problema no está en que tengas miedo sino en cómo reaccionas frente a él. Cuando el miedo te paraliza y te impidiéndote hacer lo que debes, deja de ser algo positivo para convertirse en tu carcelero y así, prisionero, dejas de vivir las experiencias a las que el miedo te estaba desafiando.

"La felicidad es ser feliz con menos y no ser infeliz porque quisieras tener más."
—Anónimo

Tus miedos están allí para inducirte a hacer algo, para ayudarte a crecer. Tus más preciados sueños están esperando que los hagas realidad y el camino hacia ellos se esconde detrás de tus temores. Por eso, cuando un miedo te asalte, no te quedes de brazos cruzados ni mucho menos salgas corriendo en sentido contrario. Actúa, prepárate, muévete en dirección a él para atravesarlo con decisión y, sobre todo, míralo de frente y con los ojos bien abiertos.

El mero hecho de tomar la decisión de superar y vencer tus miedos, hace que modifiques el enfoque. Aunque sigues temiéndoles, te has parado diferente. Identificando qué cosas debes hacer para finalmente poder enfrentar tus miedos adecuadamente preparado, empiezas a darte cuenta de que al fin y al cabo no era tan terrible como parecía.

Vivir la vida y no tan solo sobrevivir requiere asumir riesgos. No estoy hablando de aprender paracaidismo si tienes fobia a las alturas. Estoy hablando de riesgos controlados, de correr el riesgo de un resfriado al permitir que tu hijo se moje hasta los calzones, bajo una cálida lluvia de verano. Disfruta sin culpas de un enorme helado de chocolate aun a riesgo de que la balanza o el hígado protesten al día siguiente. Vete de vacaciones sin rumbo fijo y disfruta de la aventura de tener que dormir en tu automóvil, por no haber conseguido una habitación en un hotel. Disfrútalo, en lugar de angustiarte por ello.

Una buena manera de lograrlo es haciéndote la pregunta: "¿qué es lo peor que me puede suceder?" Frente a cada uno de esos miedos que no te permiten avanzar pregúntate qué es lo peor que te podría suceder si siguieses adelante de todas maneras, y la mayoría de las veces descubrirás, sonriendo, que lo peor que podría pasar no vale la pena ni siquiera considerarlo.

Atrévete a desafiar tus miedos. Atrévete a enfrentarlos. Eres suficientemente previsor como para saber cuándo estás listo y cuándo necesitas mayor preparación. Cada vez que hayas hecho algo que temías, además de la enorme satisfacción interior que eso te producirá, te encontrarás marchando directo y decididamente a tus más preciados sueños.

Las
Relaciones

6

EL DINERO
Y TUS
HIJOS

Danielle fue la primera en salir al mundo. Llegó dando gritos como si la estuvieran matando, unos gemidos de esos que se convierten en leyenda en la sala de maternidad. Amy, por el contrario, llegó al mundo como si se deslizara con la gracia de una bailarina.

Fue un inicio muy prometedor.

Después de que las niñas llevaban unos meses en la casa, su madre se convenció de que había habido una confusión en el hospital. ¿De qué otra forma se podía explicar la manera de ser, los hábitos, los horarios, hasta las expresiones de rostro tan completamente diferentes de las bebés, como si fueran polos opuestos? Se preguntaba si su otra bebé, la de verdad, la que habían confundido en el hospital, podría ser como Amy, la dulce y pacífica Amy, que se contentaba con contemplar durante horas el juguete móvil sobre su cuna, Amy, que dormía plácidamente con una envidiable tranquilidad y que a la hora de comer siempre complacía cuando se le presentaba su alimento.

Pero quizás la niña se parecía más a Danielle, la divertidísima y exigente, que mostraba una necesidad constante de atención y una necesidad casi espeluznante de mirar a los ojos. Sus muy bien desarrollados pulmones siempre estaban listos para entrar en acción a cualquier hora del día o de la noche si no la entretenían enseguida que ella lo exigía.

El gran parecido físico entre las dos era evidencia fidedigna que la teoría de su madre no tenía base, pero aun así ella se maravillaba ante la extraordinaria diferencia que había entre dos seres que, a simple vista, se parecían tanto. Las diferencias cada vez se ponían más de manifiesto, mucho más el día que comenzaron el jardín de infantes.

La mayor parte de los padres guarda un vívido recuerdo de ese trascendental día, y esta familia no fue una excepción. Las niñas iban equipadas con sus loncheras en mano, vestiditas con una linda indumentaria de primer día de escuela y con unos brillantes zapatitos de charol. Danielle llevaba una cinta amarilla en el cabello y Amy una morada, algo que la madre pensó ayudaría a la maestra a identificarlas. En realidad no tuvo que haberse molestado. Dos minutos después de su llegada, ya no había la menor posibilidad de confundirlas.

Danielle se adaptó como pez en el agua e hizo amiguitos en seguida. Una vez en el aula, sus grandes ojos pardos pasaron un rápido vistazo por la habitación. Soltó la mano de su madre, se dirigió a la mesa de trabajos manuales y empezó inmediatamente a conversar con otras dos niñas que confeccionaban figuras con los pegotes de masilla.

Amy miró con timidez el cuarto de juegos mientras se aferraba a las piernas de su madre. No le interesaba en lo más mínimo lo que ocurría en aquel lugar lleno de ruido y de extraños. Su madre tuvo que separarla de ella casi a la fuerza con la ayuda de la maestra, que las tranquilizó diciéndoles que todo iba a estar bien. Amy lloró al menos dos semanas cada vez que su mamá la dejaba por las mañanas.

Después que pasó el período de adaptación, Amy sí parecía disfrutar la estructura del día escolar. La maestra incluía períodos de actividad física, seguidos de proyectos tranquilos, tales como arte, lectura de cuentos y una siesta. La actividad favorita de Amy era el círculo. Aunque no compartía ninguna de sus experiencias con el resto de los niños, parecía disfrutar las historias de los otros niños y se sentaba en su puesto calladita y contenta hasta que llegaba el momento de pasar a la siguiente tarea.

Su hermana Danielle también esperaba con anticipación cada nuevo día en la escuela. Parecía que no podía parar de hablar de sus aventuras escolares desde que se levantaba hasta que se acostaba. Era una niña de personalidad efervescente que con buena disposición compartía sus juguetes, lo que la hacía muy popular entre los otros niños. La actividad preferida de Danielle también era el círculo. Le encantaba que todos le prestaran atención incondicional mientras ella contaba con detalle historias que eran mitad verdad, mitad mentira. Danielle no entendía por qué la maestra pensaba que no era buena idea que dijera en la clase la combinación de la caja fuerte de su familia.

Cuando llegaron a la edad del bachillerato, las cosas habían cambiado muy poco. Danielle era campeona del club de debate y ayudó a planear el baile de fin de año y todos los eventos durante todos los años del bachillerato.

¿Quiénes de Ustedes Son las Verdaderas Hermanas de estas Chicas?

¿Cómo crees que va a resultar la tendencia natural de Danielle de ser sociable con respecto al manejo de su dinero cuando sea adulta? ¿Cómo se puede ayudar a una niña espontánea y despreocupada a ser autosuficiente sin aplastarle su entusiasmo por la vida? ¿Se convertirá en una Impulsiva o en una Botarate?

¿Y Amy? ¿Crees que manejará el dinero igual que su hermana? Lo dudo mucho. Su forma cuidadosa de abordar la vida pudiera traducirse en un enfoque cauteloso hacia el dinero. ¿Crees que va a preferir guardar su dinero con cuidado? ¿Crees que va a ser una ahorradora o una gastadora? ¿Una Agarrada Miedosa o una Sabelotodo?

Entonces, ¿cómo les inculcas a tus hijos una actitud saludable hacia el dinero sin olvidar sus diferencias de temperamento? He aquí la cuestión principal: ¿cómo mantienes el balance entre tu propio estilo y el de ellos? El primer paso es darte cuenta de que tus hijos ya te han dado indicaciones de cuáles son sus preferencias individuales, y que dichas preferencias van a afectar la forma en que ellos se relacionan con el dinero y cómo van a interpretar el mensaje *tuyo* sobre cuestiones de dinero.

Nos guste o no nos guste, todos nacemos con una personalidad propia conectada a nuestro ADN. Por supuesto que el medioambiente que nos rodea juega un papel en cómo se manifiestan estos rasgos innatos en cada uno de nosotros, pero ya traemos tendencias de fábrica que influyen en el modo en que vemos, procesamos y nos relacionamos con el mundo exterior y que afectan cómo abordamos e intentamos resolver los problemas que se nos presentan.

Así que si estás bajo la (desafortunadamente equivocada) impresión de que los niños nacen con una especie de "personalidad en blanco." y que nosotros los padres podemos dibujarles nuestras preferencias en sus personalidades, quizás nunca te has tropezado con unos desconcertados padres—cuyos entretenimientos son hacer crucigramas y coleccionar sellos de correo—que se quedaron pasmados de asombro al ver que a sus hijos (de gran parecido físico con ellos) solo parece interesarles hablar de *hockey* y los libros de historietas.

Como padres, podemos engañarnos con la fantasía de que nuestros hijos son más o menos extensiones nuestras, de nuestras personalidades, y que naturalmente van a seguir por nuestro mismo camino. La realidad es que tu hijo/a es como es y no va a cambiar, independientemente de cuánto te preocupes. Si le quitas los colmillos a un león, terminarás con un león desdentado, pero jamás con un gato. Si tratas de cambiar a tus hijos a la fuerza, el resultado puede ser una cicatriz emocional en vez de una transformación saludable.

> *"¿De quién son estos niños y por qué me llaman Mamá?"*
> —*Autora desconocida*

Nuestra meta como padres interesados en enseñarles a

nuestros hijos cómo manejar bien sus finanzas es ver a nuestro hijo/a como alguien a quien, aunque no entendamos completamente, podemos llegar a apreciar sin destruir su iniciativa por el camino. El papel de los padres a la hora de intentar esto puede ser enorme, pero en realidad muy pocas familias hablan seriamente con sus hijos sobre cuestiones de dinero.

"¡Yo no!" exclamas. "Yo les hablo siempre a mis hijos del trabajo que da ganarse el dinero, del costo de vida y de la importancia de ahorrar y no botar el dinero." ¡Magnífico! Déjame preguntarte: ¿le enseñas a tu hijo/a cómo empleas, guardas o inviertes *tu* dinero? Algunos estudios demuestran que aquellos que han podido ahorrar e invertir gran parte de su entrada anual recuerdan que conversaban con frecuencia con sus familias sobre estos temas. De hecho, tienes más influencia sobre cómo tu hijo/a manejará su dinero en un futuro que su propio futuro cónyuge. Para aquellos de ustedes que son inversionistas Sabelotodo, la cifra es del 29 por ciento comparado con el 27 por ciento.

¿Con qué anticipación debes discutir temas de dinero, ahorros e inversiones con tus hijos? El siguiente experimento te mostrará si están listos para la lección: toma un billete de cinco dólares en una mano y uno de veinte en la otra. Pídele a tu hijo que escoja entre los dos. Si escoge el de veinte, está listo. Si esto te asombra, hazlo que escoja entre dos y tres billetes. El niño sabrá la diferencia entre los billetes alrededor de los seis años de edad. Puede que parezca un poco joven para comenzar, pero al igual que las conversaciones sobre las drogas y el peligro que pueden representar los extraños, puedes adaptar una conversación sobre dinero de acuerdo a la edad, y mientras más temprano adquieran un sentido de lo que les has tratado de explicar, mejor oportunidad tendrás de grabarles lo que es importante.

Tu Hijo Está Preparado. ¿Y Ahora Qué?

Ya sea porque quieres tratar de compensar la falta de conocimientos de tus hijos sobre cuestiones de dinero o porque vas a empezar a hablarle del tema a un niño pequeño que recién ha comenzado a pedir cosas que afectan tus finanzas—en otras palabras, que te dice con frecuencia "yo necesito" cuando habla de juegos de videos, muñecas u otras "necesidades" para funcionar es buena idea tener en mente una meta en específico sobre el tema que necesitas abordar. He aquí una guía que puede serte útil.

Enséñale al niño/a que con el dinero uno puede hacer las siguientes tres cosas:

Adquirirlo.
No se puede negar que llega un momento en nuestras vidas en que tenemos que ganar dinero para lograr independencia económica. Puedes hablar con tus hijos sobre

cómo gana el dinero tu familia—y prepárate para cuando te pregunten cuánto ganas tú. Yo por regla general les explicaba a mis hijos que ganábamos lo suficiente para costear nuestros gastos y darles algo a aquellos menos afortunados que nosotros. Esta respuesta debe ser suficiente para los niños más pequeños. Los chicos más grandes que comprenden los conceptos financieros más complejos, como por ejemplo, el costo de vida en la zona donde vives, pueden recibir una explicación más detallada.

La decisión de cómo tus hijos pueden "ganar" dinero mientras vivan en la casa es enteramente personal. Algunos padres usan el dinero como recompensa cuando los niños tienen buenas calificaciones o se portan bien. A veces, una mesada semanal funciona como un sueldo que se le paga al muchacho por alguna labor, como sacar la basura, recoger la cocina o enseñarle a su padre cómo programar la grabadora. Cuando mis hijos eran pequeños, mi esposo y yo tratábamos de enseñarles la diferencia entre "ganar dinero" y "crear oportunidades para ganar dinero."

Les enfatizamos esta última como la más dinámica e interesante a la hora de obtener dinero. Por eso, mis hijos nunca recibieron una mesada como salario. Nuestra teoría era que los quehaceres de la casa eran para compartirse entre todos los miembros de la familia. Todos comemos, todos ayudamos, a veces más, a veces menos, pero lo hacemos porque nos queremos y respetamos el esfuerzo de cada uno. Con respecto al dinero, nuestra familia contaba con un solo bolsillo, y de este salía lo que cada uno de nosotros necesitaba, y a veces lo que cada uno deseaba.

Cuando mis hijos me pedían que les comprara algo que yo pensaba que no necesitaban, los miraba directo y les preguntaba: "¿Me puedes decir cinco formas que se te ocurren para producir el dinero que necesitas para conseguir eso que quieres?" En más de una ocasión, se alejaron con los ojos en blanco en ese gesto internacional de "¡Pero, Mami, por favor...!" pero por fin me dieron algunas buenas sugerencias con respecto a cosas que estaban dispuestos a dejar o cómo contribuir para generar el dinero que querían. Entonces, y esto es lo mejor de todo, podían comprar el juego de video o la barra de chocolate que querían sin tener que escuchar un sermón. Esa fue mi primera contribución para inculcarles la idea de cómo lograr independencia financiera. Este concepto resulta absolutamente estimulante para un niño: un yugo del cual pueden liberarse, nada más y nada menos que con la bendición de sus padres, en favor de sus propias decisiones y esfuerzos. ¿Cómo puede tu hijo/a adquirir dinero?

El Niño Impulsivo puede creerse que es merecedor de recibir una mesada, independientemente de su contribución al entorno doméstico o de la situación financiera de sus padres. Si Papi y Mami no están de acuerdo, este tipo de niño se vuelve el primer empresario de la cuadra y pone su propio negocito. ¡Prepárate a tomar mucha limonada!

El Niño Buenazo va a acumular dinero sin nunca tener que ganárselo. Las tarjetas de cumpleaños con efectivo adentro y el dinerito que le regala Abuelo servirán para brindarle a este tipo de niño una jugosa reserva. Más o menos por este entonces te preguntará cómo poder enviarle dinero a niños de países en vías de desarrollo.

El Niño Sabelotodo va a querer saber ya si le tienes algún fondo fiduciario, y cuándo puede usarlo. Va a querer trabajar para ganarse su dinero, y, muy probablemente, va a tener una actitud un poco aprovechadora al respecto: "Bueno, yo *ya* te organicé los discos, Mami. ¿Tú no crees que eso vale alguna plata?"

El ingreso del *Niño Agarrado-Miedoso* va a consistir en el cambio que encuentre en los sofás, además de otros modos creativos de ganarse algún dinero adicional. Un miedo apocalíptico de no tener suficiente dinero, o, lo que es peor, de que se les acabe a sus padres, obligará a este tipo de niño a buscar dinero por donde sea.

El Niño Botarate probablemente pedirá dinero con frecuencia, porque se gastó y/o perdió el que tenía. Revisa su ropa a ver si encuentras manchas de helado que lo delaten, o su cuarto a ver si tiene alguna mascota nueva en caso de que no puedas explicarte qué hace con el dinero.

Lo Puedes Usar.
Una vez que los muchachos adquieren dinero, y si no eres muy estricta con respecto a cómo pueden gastarlo, vas

a poder sacar algunas conclusiones sobre sus personalidades. Sus primeras incursiones al mundo del dinero probablemente te harán reír un poco.

Déjalos que te ayuden a escoger alguna agencia benéfica. Cuando salgas de compras con ellos, explícales cómo decides qué comprar. ¿Cómo compaginas las cuestiones de precio y calidad? ¿Por qué compras en un centro en particular? Con los parámetros que tu familia usa para mantenerse dentro del presupuesto, déjalos que escojan artículos que ellos piensen que se ajustan al molde.

El Niño Impulsivo toma las cosas como se presentan, y a veces se adelanta y gasta el dinero *antes* de obtenerlo. Verás cómo este niño se endeuda en proporciones monstruosas con su hermano Sabelotodo.

El Niño Buenazo casi siempre es muy frugal y cuidadoso con el dinero. Al niño Buenazo lo que más le gusta son los días feriados y los cumpleaños. Por eso puede gastarse su plata en comprar regalos para sus seres queridos. Anímalo a guardar un poco también, en vez de excederse al comprar papel de regalo y cintas.

El Niño Sabelotodo quizás piense que es un magnate en miniatura desde una tierna edad. Quiere una calculadora e insiste en que puede manejar Quicken si tan solo le dan la oportunidad. Se gastará el dinero en medios que le permitan potenciar al máximo su dinero.

El Niño Botarate saborea a fondo su habilidad para satisfacer sus antojos. Este es el niño que se monta en la parte del frente en el carrito del mercado, y, muy entusiasmado, trata de alcanzar o de indicar sin ningún reparo lo que prefiere que le compren. Anímalo a entender de verdad por qué quiere las cosas.

El Niño Agarrado-Miedoso es el ahorrador por excelencia. Su mejor amiga es la alcancía. Guarda todo el dinero que puede, y, con frecuencia, lo esconde de la familia y hasta de sí mismo. Este tipo de muchacho acostumbra a guardar billetes en diferentes partes de su habitación y los encuentra años después dentro de libros o debajo del colchón.

Lo Puedes Administrar.

Este es realmente el proceso que empleas para decidir cuánto, de qué manera y cuándo vas a gastar o a guardar el dinero. Tu estilo personal de manejar el dinero va a dictarlo todo, desde cómo pagas por el periódico que te entregan por la mañana hasta cómo manejas las inversiones para tu retiro. Las diferencias en estilo personal pueden abarcar desde la microadministración hasta llegar al caos y el descontrol total.

Permítele a tus hijos ver cómo cuadras la chequera y cómo creas un presupuesto mensual para el hogar, y bríndales la oportunidad de aprender a pagar por las cosas que necesitan y a reservarse una porción de lo que reciben para algo que deseen en el futuro. Esto es también una buena excusa para enseñarles a calcular el 10 por ciento.

Aun los niños pequeños pueden aprender a "borrar" el número de la derecha para poder calcular el 10 por ciento. Yo les decía a mis hijos que anotaran un número de doble dígito, como el de su canal de televisión preferido. Entonces, les enseñaba cómo yo borraba el último dígito (aunque el concepto de izquierda y derecha puede resultar difícil para los niños más pequeños). Entonces, con una gran teatralidad, hacía desaparecer el último número y dejaba solamente un número, que era el 10 por ciento del número original. De modo que si teníamos un 20, yo borraba el cero al final; el número que quedaba, el 2, era el 10 por ciento.

A partir de ese momento, ellos me ayudaban a calcular el 10 por ciento del total cada vez que íbamos a un restaurante para así dejar la propina. Después de calcular el 10 por ciento, les resultaba fácil saltar al 15 ó 20 por ciento que en realidad íbamos a dejar. Tus hijos pueden guardar en una cuenta de ahorros el 10 por ciento del dinero que reciben, o en una alcancía o un pomo. Esto es probablemente lo más útil que puedes enseñarle a tus hijos sobre el dinero. Les da disciplina sin mucho tormento y a la misma vez los libera de sentirse culpables si gastan el resto. Quizás les puedes decir que guarden el 10 por ciento o que donen el 10 por ciento a alguna obra de caridad. El concepto es el mismo.

¿De Tal Palo... Tal Astilla?

Cuando sepas cuáles son tus inclinaciones y las de tus hijos, es mucho más fácil establecer un método efectivo de hablar con ellos sobre el dinero. También puedes ayudarles a entender cómo su propia naturaleza los puede ayudar o perjudicar en la vida. Si aprenden a superar sus puntos débiles y a potenciar al máximo sus puntos fuertes, podrán encontrar un balance y ser mucho más felices y tolerantes consigo mismos y con los demás.

El Niño Impulsivo

Los niños que están en camino de convertirse en Impulsivos gustan de las cosas más costosas. Esto crea una necesidad auténtica de ajustarse a un presupuesto y evitar malgastar sus ahorros en compras impulsivas. Prepárate para enfrentarte a etiquetas de marca ya que lo que usen o tengan sus amigos los impactará de verdad.

Este tipo de niño puede ser más susceptible a los anuncios de venta que otros niños. Trata de evitar que se exponga mucho a esto y que no vea una gran cantidad de anuncios en la televisión. Anima a este tipo de niño a que tenga una mente abierta y que decida por sí mismo cuáles son sus preferencias—antes que el mundo exterior tenga la oportunidad de influenciarlo.

El Niño Buenazo

A este puedes enseñarle cómo ahorrará dinero si adquiere en el refugio de animales la mascota que desea, y no en la tienda de animales del centro comercial. La clave es demostrarle que se puede obtener lo que se desea al tiempo que se hace una buena obra. No es necesario que escoja entre estos dos importantes conceptos.

Anímalo a que lea acerca de compañías que hacen negocios responsables. Puedes buscar en la red sobre compañías con responsabilidad social. Anímalo a que aprenda a escoger las compañías más rentables y a estudiar la posibilidad de comprar acciones.

El Niño Sabelotodo

Los presupuestos y las proyecciones precisas van a salir de este niño como de un manantial. Cómprale una calculadora en cualquier tienda de equipos de oficina y esto le ayudará a hacer proyecciones de pequeñas cantidades de dinero a diferentes tasas de rendimiento, a calcular cuánto necesita guardar todos los meses para lograr su meta financiera y a hacer muchas otras cosas que satisfarán su curiosidad de analizar las cosas desde todos los ángulos.

Es importante ayudarle a definir los parámetros "suficientemente buenos" como para permitirle tomar una decisión. A lo mejor te ha sucedido que has llevado a tu hijo/a a una juguetería para que encuentre en corto tiempo algo que comprar con su propio dinero, y resulta que salió de allí frustrado porque no pudo decidir qué comprar. Te va a resultar mejor si él decide exactamente qué comprar antes de salir de casa.

El Niño Botarate

Si tu hijo o hija es un Botarate, no pienses que va a poder regirse por un presupuesto sin ayuda tuya. Como el dinero le resbala de las manos, será mejor si lo mantienes bajo control cuando desee ahorrar para lograr una meta. Mantenle la soga corta. Recuerda que hay muchas tentaciones para este tipo de niño, que le encanta divertirse, gastarse el dinero y desviarse del plan que pueda haber formulado.

Si le das una mesada, hazlo semanalmente y no mensualmente; así lo ayudarás a mantenerse dentro del presupuesto. Quizás tengas que ayudarlo a mantenerse dentro del presupuesto con el uso de un sistema de sobres, con el cual asigna un sobre para cada categoría de gasto o de ahorro. Con este método, podrá visualizar cómo reparte su dinero para cumplir con su plan.

El Niño Agarrado-Miedoso

Si tienes en casa un Agarrado-Miedoso, ya sabes que le encanta rodearse de sus pertenencias. A tu hijo probablemente le fascina coleccionar monedas y ver cómo aumenta la colección. Anímalo a que empiece a invertir desde temprano. Hablar de la inflación puede resultarle muy beneficioso a un Agarrado-Miedoso. Permítele entender que puede ser más riesgoso no hacer nada con su dinero que equivocarse de vez en cuando.

Si tu Agarrado-Miedoso compra acciones, sería buena idea que recibiera el certificado de acciones en sí mismo. Poder "ver" su compañía todos los días satisfará su necesidad de sentirse seguro. De hecho, es posible comprar una acción solamente si visitas www.oneshare.com. Cuando ordenas una acción a través de este sitio Web, puedes solicitar que te la enmarquen y graben un mensaje en una placa de metal. Resultaría muy buen regalo para un recién nacido, o para alguien que acaba de llegar a Estados Unidos desde otro país y quiere sentir que ha adquirido "un pedacito de Estados Unidos." Esta acción no se vería como una inversión en sí misma (aunque sí tiene el mismo valor que cualquier otra acción de la compañía), sino como un recordatorio de que vivimos en el mejor país del mundo, donde de hecho podemos ser medio dueños de las compañías que apoyamos.

Cuando uno invierte su dinero no hay garantía de que habrá rendimiento. Si le enseñas al Agarrado-Miedoso tanto lo mejor como lo peor que puede suceder en el mercado de valores y cuál ha sido el rendimiento promedio de los últimos setenta y cinco años en comparación con otros tipos de ahorros, puedes ayudarlo a ampliar sus instintos conservadores.

Ahora, te preguntarás por qué insisto que ajustes tus conversaciones de dinero con tus hijos al tipo de personalidad de cada uno. Después de todo, *tú* eres el adulto. Tú pagas la hipoteca, los vistes y los alimentas. ¿No deben tus hijos hacer las cosas a tu estilo? ¿Por qué tienes tú que adaptarte a ellos? ¿Quiere esto decir que debes volverte el tipo de padre o madre que le dice sí a todo? ¿Será todo este asunto de la personalidad un montón de filosofía barata? En absoluto.

Podrás manejar mejor tu dinero si "pides prestado" de una o más de los otros tipos personalidades que complementan tus instintos. Si haces el esfuerzo por entender qué motiva tu comportamiento con respecto al dinero, te será más fácil influir positivamente sobre el comportamiento futuro de tus hijos. Recuerda, no hay una forma acertada y una desacertada de lograr esto. Lo que quieres lograr es un equilibrio. Si muestras cualquier comportamiento extremo delante de tus hijos a la hora de adquirir, gastar, ahorrar o administrar tu dinero, esto impactará en el modo en que ellos manejan sus propias finanzas.

No tienes que estar de acuerdo con tus hijos, pero tú eres el adulto y tienes más experiencia que ellos, de modo que es en tu propio beneficio saber qué los motiva para poder conseguir lo que deseas—es decir, lo que es mejor para ellos—especialmente en lo que respecta a enseñarles sobre cuestiones de dinero. La compensación que obtienes cuando logras entender la personalidad de tus hijos se extenderá a otras áreas también.

Una escuela en Minneapolis llevó a cabo un experimento en el que participó un equipo de cuatro maestros de sexto grado que se ofrecieron como voluntarios para aprender sobre los diferentes tipos de personalidad. Acordaron presentarles a los estudiantes sus mismos tipos de personalidad [la de los propios estudiantes]. Con la información que tenían a su alcance, los maestros ajustaron sus lecciones y estilos de enseñanza para incorporar las discrepancias.

Al final del semestre, las calificaciones y la asistencia de los estudiantes que formaban parte del equipo experimental eran superiores a las del resto de los estudiantes de sexto grado. ¿Por qué? Porque el experimento le permitió a los maestros establecer una mejor relación con los estudiantes, y cuando se crea una buena relación se incorpora un ingrediente vital al proceso de aprendizaje. Si te conoces a ti misma y sabes cómo te interrelacionas con tus hijos y *sus* rasgos individuales, te va a ser más fácil autodefinirte como madre o padre y como individuo, con la ventaja adicional de que vas a disfrutar como tú misma manejas y disfrutas tu dinero. Lo más sorprendente del experimento de Minneapolis fue que los problemas de comportamiento declinaron tremendamente, lo que es, definitivamente, una ventaja para cualquier padre o madre.

> *"Los niños rara vez tergiversan lo que dices. De hecho, repiten palabra por palabra lo que no debiste haber dicho."*
> —Autor anónimo

Tengo dos hijos: Tony y Jonathan. Tony es una combinación de Botarate con Buenazo. Acostumbraba regalar sus juguetes cuando chico si veía que un amiguito no tenía.

Recuerdo que cuando Tony tenía alrededor de dos años, acostumbrábamos cantar una canción de una mamá pata que tenía doce patitos. La canción se lamentaba de que los patitos no tenían zapatos. ¡Figúrate! Tony se puso a llorar cuando se dio cuenta de lo que decía la canción, ¡y me rogó que lo llevara a la tienda a comprarle zapatos a los patitos!

A los veintidós años nada había cambiado. No sé a cuántos de sus amigos alimenté cuando él estaba en la universidad porque a Tony le daba pena si no podían comer decentemente. Para Tony, el dinero siempre ha representado opciones, diversión y libertad. Mi esperanza perenne como madre es que la cuenta bancaria de Tony sea tan grande como su corazón. Por eso, lo he convencido de que él es buen candidato para que le depositen el cheque directamente a su cuenta, y le enseñé cómo canalizar su personalidad extrovertida y arriesgada para que haga inversiones sólidas. Hoy día invierte en la bolsa de valores, aunque le da más trabajo vender las acciones (siempre fue muy leal de niño) que comprarlas.

Jonathan, sin embargo, a los nueve años demostró ser una combinación de Sabelotodo y Agarrado-Miedoso. De pequeño, quería guardar todos sus juguetes y la ropa que ya no le servía *para dárselos a sus propios hijos,* y nos fue muy difícil convencerlo que debía regalárselos a otros más necesitados. Para Jonathan, el dinero siempre ha significado seguridad. El también invierte en la bolsa de valores, pero tan pronto como las acciones que ha comprado suben de valor se pone impaciente por venderlas porque teme que puedan bajar y pueda perder la ganancia que ha tenido.

Hemos tratado de enfatizarle a Jonathan la característica de flujo y reflujo que tiene la bolsa de valores; así lo educamos con respecto a la historia de las acciones que tiene, con la esperanza de que se relaje y no reaccione de forma exagerada.

Es un Mundo Pequeño, pero Diferente

Nuestros hijos tienen a su alcance muchas más opciones que las que tuvimos tú y yo cuando éramos niños. Pensándolo bien, era difícil escoger entre los treinta y un sabores de helado que vendían, sin embargo, hoy hay más de cuarenta tipos de granos de café en el mercado y más de doscientos canales de televisión por satélite.

Los adolescentes de hoy emplean más tiempo en hurgar en sus almas y escoger un camino en la vida, y les es muy difícil pensar a largo plazo sobre algo, incluidas carreras y seguridad económica. No buscan solamente un trabajo que les permita pagar sus cuentas, sino que quieren una carrera que valga la pena y les haga sentir

> *"Un papá es un señor que tiene fotos de sus hijos en la billetera donde acostumbraba guardar su dinero."*
> —Anónimo

que hay un propósito en lo que hacen. También se anticipa que vivan hasta los ochenta, por lo que necesitarán asegurarse que su dinero no desaparezca antes que sus cuerpos.

Una Última Nota Acerca de...
El Dinero y Tus Hijos

"Tus hijos no son tus hijos, son hijos e hijas de la vida..." *
Tú eres un instrumento, una herramienta para ayudarlos a desarrollarse, pero ellos son ellos, distintos a ti, seres diferentes, independientes desde el seno del vientre materno, aunque les resultes imprescindible durante unos pocos años y eventualmente elijan seguir estando contigo durante unos cuantos años más.

Cuanto antes comprendas esto mejor será para ellos, y para ti.

Dales todo el amor que puedas, pero sin asfixiarlos. Cuídalos todo lo necesario, pero sin caer en el extremo de no permitirles aprender a cuidar de sí mismos. No confundas amor con permisividad. Y no seas tan estricto con ellos porque, con el tiempo, tu rigidez hará que la relación se rompa.

Bríndales calidad en tu relación, es más importante que la cantidad de tiempo que puedas dedicarles. Vivimos en un mundo en el que muchas veces los hijos son criados por abuelos, nanas o guarderías. Así que cuando estés con tus niños, deja el diario de lado, mírales a los ojos, evita las respuestas conformadas por monosílabos o simples sonidos como "mmm," "oh-oh" y "ahá."

* De la poesía de Khalil Gibran: "Tus hijos no son tus hijos."

Sal de detrás del libro que estás leyendo, asoma la cabeza y registra su presencia. Si la urgencia por verificar tu correo electrónico no puede esperar; si reparar un desperfecto en la cocina es más importante que sentarte a jugar al papá y a la mamá o a la cocinera, a la guerra o a la pelota, entonces diles claramente y a los ojos que necesitas hacer algo, define claramente sus expectativas y evita que se ilusionen, porque se desilusionarán. Y tú también. No podrán captar tu atención y tú terminarás dándote por vencido, frustrado y accediendo a su pedido sin ganas, sólo para que deje de molestar y poder volver a lo tuyo cuanto antes. Pero trata, antes de responder, de preguntarte qué es más importante, de verdad.

Cuando crezcan, y junto a ellos los problemas crezcan a su vez, lamentarás las horas desaprovechadas cuando eran pequeños. Pregúntales cómo te ven, qué les gusta y qué les molesta de ti. Y no temas escuchar la respuesta. En todo caso, tampoco temas no poder modificarlo.

Si crees que eres demasiado estricto, antes de responder con un "no," pregúntate por qué no. Imagínate conversando dentro de algunos años con tus hijos y teniendo que responder a la pregunta "¿Por qué nunca me dejabas?" Todavía estás a tiempo de no tener que responderla cuando ese futuro se haya convertido en realidad.

Si, por contrario, eres de esos padres a los que le cuesta poner límites, la pregunta que probablemente deberás responder en algún momento de su adolescencia o adultez sea "¿Por qué me lo permitiste?" El "vale todo" puede terminar siendo percibido por tus hijos como que nada te importa. No permitas que eso suceda.

Cuídate, sobre todo, de no repetir con tus hijos aquellas cosas que no te gustaban de tus padres cuando el pequeño eras tú.

Deja de lado de una vez por todas los sermones. Habla con tus hijos de igual a igual, escuchándoles con atención y respetándoles como a ti te gusta que te respeten. Porque eso es lo que son; seres con los mismos derechos que sus padres y por lo general, mejor equipados y más inteligentes que ellos. Eso es lo que siempre han sido, desde antes de nacer, aunque muchas veces a los padres nos lleve demasiado tiempo darnos cuenta.

Y tampoco intentes ser "un amigote" más. Sus amigos son sus amigos. No esperan de ellos que sean sus padres. Eso lo esperan de ti. De ti esperan que los cuides, que los guíes, que los respetes y, por sobre todas las cosas, que los AMES, educándolos para ser seres libres e independientes, separados de ti. Compréndelo, asúmelo, acéptalo y el crecimiento de tus hijos impulsará también tu propio crecimiento.

7

EL DINERO
Y TUS
AMIGOS

"Quien presta dinero a un amigo, pierde el dinero y pierde el amigo."

—Refrán español

V amos a dividir la cuenta entre tres, ¿está bien?"
dijo Charlie con su sonrisita de siempre. Tomó la
cuenta en el instante que el mesero la puso encima de la
mesa. Su frase no tuvo nada de extraordinario, pues,
después de todo, se trataba de tres amigos que habían
compartido una sabrosa cena juntos luego de un largo día
de trabajo. Pero esta actitud displicente y pretenciosa de
Charlie estaba comenzando a molestar a Frank, quien
se volvió instintivamente para ver la expresión del rostro
de Patricio cuando oyó lo que Charlie había dicho. Esperaba encontrar, al menos, un poco de reconocimiento de
lo absurda que había sido la propuesta, pero, en lugar de
eso, no observó ninguna reacción. Frank, sencillamente,
suspiró.

Sin decir palabra, los dos sacaron sus billeteras del bolsillo trasero de sus pantalones, contaron el dinero y se lo
dieron a Charlie, que ya estaba deslizando su tarjeta de
crédito en la carpetita de cuero negro que estaba sobre la
mesa. "¡Vaya, hombre!" pensó Frank, que echaba chispas.
"Charlie se ha buscado un adelanto de efectivo de su tarjeta de crédito sin tener que pagar nada." Frank juró que
sería la última vez que cenarían juntos.

"No es que yo sea tacaño." se justificó Frank mientras

pensaba en el asunto al salir del restaurante; estaba tratando de darle un motivo a lo enojado que se sentía con Charlie y al resentimiento que le había provocado el suceso de esa noche. Tenía razón: Frank no era un agarrado. Pero Charlie—un tipo muy sociable y, si no fuera por lo otro, sumamente agradable—siempre hacía el mismo truquito cada vez que salían a cenar juntos. Pedía un bistec grande y una costosa botella de Pinot Noir, mientras que Patricio y Frank se conformaban con hamburguesas y papitas fritas. ¿Y pensaba que era aceptable pagar solamente una tercera parte de la cuenta? Eso no era todo: ¡Charlie *sabía* que Frank no bebía!

Ya aquello se había repetido demasiado y Frank no estaba dispuesto a seguirlo aguantando. A Patricio, por otra parte, la situación en el restaurante no lo había molestado en absoluto. Estaba dispuesto a pagar cualquier precio con tal de evitar una discusión, y esta noche volvió a hacerlo. Pero Frank ya estaba hasta el último pelo. ¿Quién se creía Charlie que era? ¿Qué don maravilloso pensaba que tenía que no lo obligaba a tratar a sus amigos de una manera justa?

No pronunció palabra mientras los tres caminaban hacia el estacionamiento. Estaba enojado consigo mismo por haber caído de nuevo en la manipulación de su amigo, y peor aun, por no tener el coraje de decírselo. Frank subió a su auto, cerró la puerta de un golpe y salió a toda velocidad sin decir siquiera "adiós."

Los otros dos, asustados por el estruendo del motor de

Frank y el chirrido de sus gomas en la estampida, se miraron sorprendidos. Charlie abrió la boca como si quisiera decir algo, pero se detuvo cuando Patricio caminó hacia él, lo tomó por el brazo y le dijo serenamente: "Tú sabes lo temperamental que es Frank, Charlie. Olvídate de eso."

¿Quién de Ustedes es un Amigo Verdadero?

Cada uno de estos hombres había llevado al restaurante algo más que un buen apetito. Ya seas una Impulsiva, un Buenazo, un Sabelotodo, un Botarate o un Agarrado-Miedoso, tu personalidad financiera te sigue dondequiera que vayas y desempeña un papel importante en todas tus relaciones. Lo cierto es que este conflicto tenía muy poco que ver con los verdaderos sentimientos que Frank tiene hacia Charlie. A Frank le agrada Charlie. Charlie le cae bien a *todo el mundo*. Es un Botarate típico acostumbrado a estirar sus finanzas todo lo que pudiera el plástico de su tarjeta... ¡y todavía más! Esta no era la primera vez que su falta de atención y de disciplina con respecto al dinero había afectado su relación con sus amigos. De hecho, Charlie tenía vínculos muy *sui géneris* con la mayoría de la gente.

Aunque no era realmente guapo, gracias a su personalidad despreocupada, su deslumbrante ingenio y su gusto impecable en ropa, música y libros, Charlie casi siempre encabezaba las listas de invitados de la mayoría de las fiestas. Era un verdadero donjuán y constituía un excelente acompañante, pero sus gastos descontrolados eran una característica tan sobresaliente y memorable como sus inigualables pasos en la pista de baile. Sus hábitos de gastos se convirtieron en una parte intrínseca de su personalidad y de la forma en que lo veían los que lo rodeaban.

No tenía reparos en que algunos de sus amigos lo sacaran de un aprieto económico. Parecía que siempre había alguien que iba a su rescate cada vez que Charlie estaba a punto de quedarse sin un centavo. Sus sutiles señales de socorro creaban un vacío que alguien se encargaba de llenar. Nadie se enojaba con él durante mucho tiempo. Su animada personalidad no dejaba dudas de que no se trataba de una actitud calculada. Él era lo que aparentaba ser, y eso casi siempre le costaba dinero a alguien.

Si salías con Charlie, tú pagabas. No había más que hablar.

A la mayoría de sus amigos no les importaba contribuir para pagar lo que había consumido este alegre miembro del grupo, pero nadie sabía en realidad si esto podría continuar así por tiempo indefinido. Sus amigos lo llamaban el Dependiente. Charlie constituía una forma costosa de entretenimiento y nadie quería ser el primero en admitir que, sin duda, en vez de ayudar a Charlie, estaban contribuyendo a perpetuar su problema con respecto al dinero. A sus amigos se les hizo fácil tratarlo como si fuese un inferior, recordarle, directa o indirectamente, sus deudas. Se acostumbraron a sentirse superiores a él. Entonces, ¿quién usaba a quién?

Patricio, por lo contrario, era un Buenazo. Pensaba que como Charlie no tenía malas intenciones, nadie se beneficiaría si lo acusaban allí mismo, en la mesa (aunque podía sentir la indignada mirada de Frank mientras él ponía todo su esfuerzo en no prestarle atención). La cena había sido muy agradable, antes del lío respecto al pago. Al recordar lo que sucedió, Patricio pensó que si él solo hubiera pagado por toda la cena, habría evitado que Frank la tomara tan de mala manera contra Charlie.

Pero a Frank no le importaban las intenciones de Charlie.

La daba rabia su insensibilidad y su falta de conciencia. Sobre todo, se sentía furioso consigo mismo por haber tropezado *de nuevo* con la misma piedra. Frank era el Sabelotodo que examinaba cuidadosamente cada movimiento desde todos los ángulos antes de actuar. ¿Cómo no se dio cuenta de lo que venía?

La espontaneidad de Charlie resultaba un enigma para Frank. ¿Cómo podía comprar un condominio sin antes haber entrado en él ni una sola vez? Era algo que estaba más allá de su comprensión, pero eso era, exactamente, lo que Charlie había hecho. Frank se había demorado tres años en decidir dónde quería vivir, y otros dos en encontrar la casa perfecta para él y su familia.

Él mismo había hecho las investigaciones, y se había metido de cabeza en las catacumbas de los archivos de la ciudad para averiguar si en el pasado algún sismo había estremecido el terreno, o si había fallas geológicas en el nivel freático. Examinó detalladamente las actas de las reuniones de la comisión de la ciudad para ver si había planes de expandir las escuelas, de cambiar árboles de sitio o de construir calles, todo lo cual tendría un impacto en el tráfico.

Se sabía las estadísticas de delito, no solo por ciudad, sino también por manzana, y dedicó tiempo a visitar las zonas que le interesaban a diferentes horas del día y de la noche para verificar el ruido, las vistas y el tiempo que se demoraría en ir y venir del trabajo.

"Me dieron mi merecido." gruñó Frank en voz baja. Había bajado la guardia, pero se aseguraría de que nunca más le volvería a suceder.

> *"Si un hombre no marcha al ritmo de sus compañeros, quizás es porque oye el toque de otro tamborilero. Déjenlo que marche al paso de la música que oye, por distinto que sea su paso o por lejos que esté. "*
> —Henry David Thoreau

Una Persona no Es una Isla

Tres personas, tres personalidades financieras, tres puntos de vista. Hasta ahora, nos hemos concentrado en entender lo que nos hace reaccionar como personas.

Pero, de verdad, admitámoslo. Sé que a veces la soledad

es una bendición, pero, ¿de qué sirve el éxito sin amigos a los que querer, con quienes divertirnos y celebrar? Nuestras personalidades financieras afectan de manera profunda la forma en que nos relacionamos con quienes nos rodean. Las reuniones sociales nos ofrecen un medio ambiente en el que podemos exponer nuestro temperamento. Pero cuando se trata de dinero, la verdadera personalidad de alguien no es quizás lo que vemos a primera vista.

¿Recuerdan a Esperanza, la Impulsiva del primer capítulo? Ella cree que la forma en que se viste le parece maravillosa a quienes la contemplan. Pero la triste realidad es que cada vez que se compra algo caro para sentirse mejor, en verdad coloca un nuevo ladrillo en la pared que está construyendo entre ella y los demás. Sin darse cuenta, su apariencia—las joyas costosas y la ropa de diseñador que *se supone* deben proyectar una imagen de éxito y seguridad personal—acaba intimidando a quienes la rodean, a aquellas personas a quienes ella ansía cautivar.

Esperanza da la impresión de que no tiene problemas en la vida, pero la gente trata de no acercársele mucho debido a que su aristocrática elegancia les parece una actitud distante, y la gente tiende a sentirse incómoda frente a ella. No invita a sus compañeros de trabajo ni a personas conocidas a su apartamento, y ellos creen que es porque tiene amigos más glamorosos, un calendario social que no le deja tiempo para los demás y—sobre todo—porque es una esnob, pero no se dan cuenta de que ella no invita a nadie a

su casa, no porque los considere por debajo de ella socialmente, sino porque *no tiene muebles.*

Así es. Esa Impulsiva aparentemente calculadora prefiere *vestir* su dinero que gastárselo en su refugio sagrado,
donde podría darse el lujo de sentirse bien con sí misma y
con la grata compañía de otras personas. Quizás su salario
financia esa imagen suya tan contraproducente, pero su
ambiente privado es el verdadero reflejo de cómo se siente
realmente respecto a ella misma: sola, asustada, rechazada
y con exceso de trabajo... aunque no lo sepa.

¿Cómo perciben los demás al
Agarrado-Miedoso? Casi siempre como el tipo que en las Na-
vidades entrega un miserable
regalito secreto en el intercam-
bio de regalos en el trabajo y
jamás aporta ni un centavo para
las fiestas de cumpleaños de la oficina.

> *"El dinero es el falso
> guardián de nuestro
> amor propio."*
> —Kathleen Gurney

La gente tiende a ver a los sentimentales Buenazos
como personas tontas y desafortunadas que jamás con-
trolarán su situación financiera. Los amigos y familiares
menos escrupulosos solo ven al Buenazo como un blanco.
Mientras que el Benigno de nuestra historia cree que
irradia paz y armonía a los que lo rodean, al pagar siempre
por los demás, al hacer préstamos poco aconsejables de
dinero y al no preocuparse si los demás creen que es una
persona débil, desgraciadamente se convierte precisamente
en eso.

Un Botarate como Charlie intentará desesperadamente que la gente lo quiera, pero lo que logrará la mayoría de las veces es que sus amigos se alejen de él, ya que no es lógico que nadie mantenga eternamente el presupuesto de diversiones de un hombre hecho y derecho.

Nuestro Sabelotodo, con sus gráficos y sus consejos constantes y su casi condescendiente actitud acerca del dinero, también puede lograr que la gente no le haga el menor caso a su bienintencionada sabiduría.

Lo Básico de los Préstamos Personales

Si eres una persona con independencia financiera, libre de deudas y tienes la costumbre de pagar tus cuentas a tiempo, lo más probable es que, tarde o temprano, un amigo o un pariente te pedirá que le prestes dinero. ¿Qué deberías hacer? Todo depende del tipo de prestamista que eres. He aquí un test que te ayudará a averiguar si debes prestar dinero a los demás. Marca tu respuesta para cada una de las siguientes declaraciones:

1. Es aceptable cobrar interés cuando se le presta dinero a un amigo.

    Sí   No

2. Si un compañero de trabajo te pidió cinco dólares para pagar un taxi hace dos semanas y desde entonces no ha mencionado el asunto, tú le pides que te devuelva el dinero.

Sí No

3. Después de haberle prestado dinero a una amiga en varias ocasiones hasta que llega el día del cobro en su trabajo, tú le ofrecerías ayudarla a establecer un presupuesto para que pueda aprender a manejar mejor su dinero.

Sí No

4. Si tu mejor amigo te pidiera dinero, pero creyeras que no te lo iba a devolver, tú se lo dirías de manera directa y le negarías el préstamo.

Sí No

5. Si tuvieras que pedirle prestado dinero a un amigo, insistirías en escribir un pagaré formal que especificara las condiciones del préstamo.

Sí No

Sí contestaste "Sí" a tres o más de las anteriores afirmaciones, puedes pasar por alto esta sección del libro. Al parecer, tú no mezclas inocentemente la familia, los amigos y el dinero. A quienes no obtuvieron esa calificación, les ofrezco las siguientes sugerencias acerca de cómo actuar en una espectacularmente difícil situación.

El Plan A consiste en tener un discurso preparado para que la solicitud de dinero no te tome desprevenido. Si alguien que tú conoces te pide dinero prestado, di lo siguiente: "Te quiero demasiado como para hacer eso." Eso es todo. Dilo, cambia de tema y confía en que jamás se vuelva a mencionar el asunto.

Desgraciadamente, el Plan A está lejos de ser perfecto. A veces te enfrentas a un posible deudor tenaz, o no puedes decidirte a ignorarlo. Si no tienes el dinero suficiente para, sencillamente, regalárselo a tu amigo, o realmente deseas prestarle el efectivo, he aquí el Plan B, el cual, en esta posición en la que ya te encuentras, es tu única posibilidad para evitar una desastrosa situación en el futuro.

No te niego que un apretón de manos y un abrazo te harán sentir bien, pero ninguno de los dos puede sustituir un acuerdo firmado y por escrito en el caso de que prestes o pidas prestado dinero. Los malentendidos acerca de las condiciones de un préstamo pueden destruir relaciones y desbaratar familias. Según las estadísticas, la tasa de falta de pago de un préstamo personal es catorce veces mayor que la tasa de 1 por ciento de préstamos no pagados a los bancos. Si haces un prés-

> *"Antes de pedirle dinero prestado a un amigo, decide cuál de las dos cosas necesitas más: el dinero o el amigo."*
> —*Anónimo*

tamo personal sin condiciones precisas, tienes muchas posibilidades no solo de perder tu relación con la otra persona, sino también de perder tu dinero. Lo que te doy es un consejo de amiga que va más allá de los tipos de personalidad financiera. Independientemente de quién seas y a quién le prestas o le pides dinero, es necesario que sepas cómo hacer esa transacción de la manera correcta.

Imagínate que tu primo Feliciano (un verdadero Botarate a quien todos conocen como Félix) te pidió un préstamo a corto plazo para poder ampliar su inventario y prepararse así para las grandes ventas que piensa tener a fin de año. Félix te promete que pagará tan pronto como reciba el dinero que le pagarán por los grandes pedidos del mes próximo. Lo aceptas. Se dan un apretón de manos para cerrar el trato. Escribes un cheque. Todo está bien, hasta ahora.

El fin de año viene y se va, pero tu primo Félix no te ha liquidado ni un solo pago. La cosa se va poniendo fea.

Hay una reunión familiar a la que se espera que tú y Félix asistan. Tú estás dispuesto a no hablarle del préstamo a tu primo, por respeto a él y a los demás familiares, pero Félix se siente tan tremendamente culpable por no haberte pagado que te evita como si fueras la peste. Lo único que logra esto es enfurecerte. ¡Qué cara tan dura tiene este tipo! Te sientes traicionado. Le diste tu dinero a este inútil y ha tenido el atrevimiento de hacerte una grosería. ¡Las cosas que hay que aguantar! Sientes que la sangre te hierve en las venas.

¿Has visto lo fácil que esta situación se te puede escapar de las manos?

Existe una manera en que puedes evitarlo, y es mediante el Plan B:

Di lo siguiente: "Me alegra poder ayudarte prestándote el dinero que te hace falta, Félix. Ese dinero no me da ningún beneficio ahora y preferiría que se empleara de forma que nos beneficiara a ti y a mí. Quisiera establecer el préstamo de manera que no se dañe la buena relación que tenemos."

Dile a Félix que en Estados Unidos hay más de diez millones de personas que tienen un préstamo privado con un pariente o un amigo, y que existen compañías que se especializan en manejar esos casos. A Félix le conviene formalizar el préstamo a través de los canales apropiados. Como parte de ese proceso, se establece una cuenta bancaria donde se reciben los pagos, y el banco informa a las agencias de crédito cada vez que se recibe uno. Esto ayudará a Félix a establecer una buena historia crediticia a medida que paga el préstamo bancario. Si esto se hace bien, Félix también podrá deducir el interés (en caso de que decidas cobrárselo) del préstamo en su informe de impuestos sobre la renta.

Ve a Google y busca *"interpersonal loans"*; hallarás una serie de compañías que ofrecen este servicio. Entra en una de ellas y sigue las instrucciones que te dan en pantalla. También encontrarás folletos gratis que te guiarán a través del proceso y que se pueden bajar inmediatamente de esos sitios. Puedes ir al sitio Web con tu primo, o pídele que lo visite cuando él quiera y que te llame cuando esté listo para actuar.

Eso es todo. Pásale el brazo por los hombros a Feliciano, beban juntos un traguito y espera que te llame. Ahora él ya tiene la información que necesita considerar antes de pedirte dinero prestado, ya sabe exactamente lo que esperas de él... y no tendrás que ponerte pesado.

Compañeros de Negocios

¡Ah, esos reconfortantes recuerdos de la niñez! Quizás te acuerdes con cariño de tu primer puesto de limonada. Mírate allí con los ojos del recuerdo: de pie, muy profesionalmente junto a la mesita, con la sensación de que eras un miniexperto a medida que cada auto de tu barrio se detenía para que su conductor se refrescara con tu producto. Eras irresistible—un verdadero hombre de negocios en potencia.

Gabriel, tu mejor amigo, era tu ayudante administrativo y contador; su trabajo consistía en asegurarse de que hubiera suficientes vasos colocados en una perfecta hilera sobre la mesa, de modo que los clientes no tuvieran que esperar para que les sirvieran la limonada. Otras de las tareas de Gabriel eran dar el vuelto correcto y preparar la limonada.

¡Qué manera tan maravillosa de pasar la tarde del sábado! Bueno, todo fue bien hasta que a tu amigo se le subieron a la cabeza los humos de jefe y quiso que fueras tú quien llenara siempre la jarra de limonada... ¡Y hablen después de la amistad y los socios!

Cómo Tener Éxito con los Asociados

Digamos que estás ya decidido y preparado a convertirte en el Bill Gates del mundo del cuidado de perros. Tú y tu mejor amigo de la universidad han estado hablando del asunto durante meses. Incluso tienen un nombre: "La esponja viajante." Él tiene una camioneta, una manguera y hasta es dueño de tres perros. Y tú, ¿qué tienes? Bueno, tú puedes venderle hielo a los esquimales. Has sido bendecido con una labia que convence a cualquiera. Tal parece que tienen todo lo que necesitan para empezar. Listos para comenzar, ¿no es cierto?

¡Aguanta ahí! Espera un momento. Déjame decirte que no siempre dos cabezas piensan mejor que una. Antes de aceptar tu primer cliente de cuatro patas, vamos a considerar una serie de detalles. Tan solo por el hecho de que la pasen fenomenal los fines de semana cuando se reúnen, no significa que tú y tu amigo van a ser los socios ideales de lunes a viernes. La prueba de fuego de una buena sociedad consiste en si los dos funcionan y se sienten mejor juntos que separados. Yo me sentiría más confiada en que ustedes tendrán un buen futuro como socios si ambos pueden contestar honesta y específicamente las siguientes preguntas:

- ¿Considera cada uno de ustedes que las contribuciones del otro son *cruciales* para el éxito del negocio? ¿Por qué?
- ¿Qué habilidades específicas traerá cada socio al equipo?
- ¿Puede cada uno describir la misión esencial de su socio en veinticinco palabras o menos?
- ¿Qué tipo de estructura de negocios usarán?
- ¿Quién será el dueño del negocio? La propiedad debería ser un reflejo de la contribución, monetaria y de todo tipo, de cada socio.
- ¿Cómo distribuirán las ganancias? ¿Cómo van a manejar las pérdidas?
- ¿Cómo pagarán los gastos? ¿Cuánto dinero aportará cada uno de ustedes al negocio?
- ¿Qué papel desempeñará cada socio? ¿Qué pasa si ese papel cambia con el tiempo? ¿Afectará eso la propiedad del negocio?
- ¿Quién tendrá la última palabra? Es decir, ¿quién tendrá la opinión decisiva si están en desacuerdo sobre algo?

¿Y qué pasa si...

- Uno de ustedes quiere abandonar el negocio? ¿Cómo calcularán el valor del negocio, y cómo y cuándo esa persona recibirá lo que se le debe?
- Uno de los socios se casa? ¿O se divorcia?

- Uno de los dos muere? Ya sé, a nadie le gusta hablar de eso, pero es algo que deben considerar.
- Contratan empleados? ¿En qué momento pensarían hacerlo? ¿Quién se encargará de contratar y de despedir gente?

Además...

- ¿Cómo se comunica cada uno de ustedes?
- ¿Creen los dos que debe existir total confianza y franqueza, o uno de ustedes es el tipo de persona que confía, pero verifica?
- ¿Son los dos pesimistas u optimistas? ¿Son de los que creen que el vaso está vacío o mitad lleno?
- ¿Comparten la misma ética laboral?

Y he aquí la pregunta más difícil de todas:

¿Sabe cada uno cuál es su propia personalidad financiera y la de su socio, y cómo podría afectar su proyecto de negocios? Por ejemplo: si tu amigo es un Botarate que prefiere comprar en eBay un banco de tres patas en el que dicen que Elvis Presley una vez aposentó el trasero, en vez de pagar su alquiler, ¿estás dispuesto a arriesgarte a una importante inversión de tiempo, dinero y esfuerzo con un socio que quizás no tenga la suficiente madurez financiera como para dedicarse en cuerpo y alma a lograr el éxito en el negocio? ¿Puedes realmente permitirte el lujo de ser la única persona a cargo de controlar los daños que podría causarte a ti y a tu negocio el fracaso de la pequeña empresa? Si, por otra parte, tu socio es un Sabelotodo, su tendencia a dejar las decisiones para más adelante podría dificultar el desarrollo de tu negocio. ¿No crees que esta incertidumbre te pondría los pelos de punta todos los días?

Si aun después de oír todo esto todavía quieren asociarse, les aconsejo que se pongan un tiempo de prueba antes de firmar cualquier documento. ¿Qué les parece si realizan juntos un proyecto durante los próximos tres meses? Pueden escoger dividir las ganancias netas (después de los gastos) a partes iguales durante este período de prueba. Vamos, vayan e inténtenlo antes de comprometerse a formalizar la asociación. Si al final de ese tiempo evalúan los resultados y piensan aún que eso es lo mejor que pudo sucederles, tienen mi consentimiento para empeñarse en alcanzar sus sueños. No olviden hacer un acuerdo por escrito entre los dos. Si visitan el sitio oficial de la Administración de Pequeños Negocios *(Small Business Administration)*, en www.sbs.gov, para encontrar toda la información que necesitan para redactar el plan de negocios y comenzar la nueva aventura con el pie derecho. ¡Buena suerte!

Esfuérzate en los Detalles

Si te conoces bien a ti mismo, tendrás mejores relaciones con tus amigos. Requiere gran esfuerzo y mucho valor admitir tus esperanzas e ir a la búsqueda de tus sueños. Puede

que haga falta aun más valor para reconocer que quienes te
rodean no son precisamente personas que te aportan estímulo ni tienen buena voluntad hacia ti. Cuando ya estés
consciente de cuál es tu propia personalidad, y de por qué
reaccionas ante el estrés de la manera en que lo haces, comenzarás a hacerte más sensible a las señales que constantemente te envían tus amigos y colegas de trabajo acerca de
la forma en que ellos se enfrentan al dinero, al éxito, al
temor, a la confianza e incluso la amistad.

> "La gente destacada discute ideas; la gente promedio habla de los sucesos; y los mediocres hablan de los demás."
> —Anónimo.

Escucha cuidadosamente lo que dicen y cómo lo dicen.

Ya sea para negocios o para pasarla bien, asóciate siempre a personas positivas. Después de todo, no puedes volar a la altura de las águilas si siempre estás escarbando la tierra junto a las gallinas. A medida que au-
mente tu conocimiento de quién eres realmente, superarás
a algunos de esos seres que son ahora parte de tu vida, pero
que no han podido crecer por sí mismos.

No te desesperes. Aventajar y dejar atrás a tus amigos
puede resultar confuso y doloroso, pero es una parte natural de tu propio crecimiento personal. Es un proceso necesario. Tú tienes el derecho de rodearte de personas que te
comprendan, que te ayuden, que sean sensibles y que te
hagan sentir bien.

Tal vez cuando hayan pasado algunos meses o hasta

años, descubras que tu amigo/a ya no es la misma persona que fue. Quizás el cambio ocurrió en ellos, pero puede que haya ocurrido en ti. Seguir adelante no significa que las experiencias que ustedes compartieron en el pasado no fueran relevantes o importantes para ambos; pero sí es un reconocimiento de tus necesidades del tiempo presente.

Todas las personas que han pasado por tu vida te han enseñado algo. Sin embargo, llega un momento en que hay que dar cabida a aquellos que llegarán dentro de poco.

Una Última Nota
Acerca de... El Dinero
y Tus Amigos

Sé sincero con quienes te rodean, di lo que sientes y no acumules enojo, fastidio o resentimiento. Haciéndolo no sólo te dañas a ti mismo sino que además, en el largo plazo, dañas al otro. Lo que está en juego es la relación. No hace falta que seas hiriente ni agresivo; busca las palabras adecuadas para no lastimar, pero no sigas dando vueltas. Dilo cuidadosamente, no te quedes callado. Hazle saber lo que te pasa y hazlo cuanto antes. Cuanto más tiempo transcurra más fastidio acumularás y cuando finalmente explotes será peor; dirás cosas que habrías preferido callar y no lograrás nada a cambio.

Si al que le toca escuchar el reclamo es a ti, haz el esfuerzo de no ponerte a la defensiva. Suelta esos brazos que has cruzado cual escudo ante tu pecho, afloja el ceño que has fruncido casi sin darte cuenta y acepta lo que venga. Abre los oídos, pero sobre todo, abre tu mente y tu corazón y prepárate para escuchar con atención. Piensa que si alguien te está diciendo algo que no te agrada, quizás te aprecie más de lo que te apreciaría si no se atreviese a hacerlo. Así que agradece la honestidad y acepta el comentario.

Las apariencias engañan y plantear directa y claramente lo que te pasa puede ahorrarte muchas amarguras y malentendidos. Si todos dijésemos las cosas tal cual son—o mejor

aún—tal como creemos que son y, al mismo tiempo, tuvié-
semos la apertura mental para aceptar las verdades de los
demás sin sentirnos agredidos, humillados ni perseguidos,
las relaciones humanas serían mucho más sencillas y los
terapeutas tendrían mucho menos trabajo del que tienen.

Cuando te duele una muela, lo mejor es ir al odontólogo
cuanto antes, pero como a mucha gente esa visita al médico
le resulta odiosa, molesta y hasta atemorizante, opta por
postergarlo. Por lo general, lo único que logra con esa dila-
ción es empeorar las cosas y una consulta que podría haber
sido de apenas unos minutos termina convirtiéndose en un
tratamiento de dos o tres sesiones. Lo mismo sucede con
las relaciones entre las personas cuando algo que uno ha
dicho o hecho molesta a otro. Cuanto antes pueda éste ma-
nifestar su descontento, menos doloroso será para ambos.

Así que recuerda, dilo con humildad y plantea tu punto
de vista manteniéndote abierto a los argumentos del otro y
buscando construir, con espíritu positivo, el edificio de la
amistad.

8

EL DINERO
Y LA
PAREJA

"El dinero y el amor no admiten encubridor"
—Refrán mexicano

Hay un hombre que está en el proceso de trasladar un piano. Trata de empujar el piano a través del umbral de la puerta, pero su esfuerzo es en vano. Por fin, un vecino suyo que pasaba por allí le ofrece ayuda, a lo cual el hombre le responde agradecido. Los dos siguen luchando con el piano durante otra media hora más sin tener éxito alguno. El dueño del piano le dice a su vecino, "Es inútil, no lo vamos a poder sacar." A lo que el vecino, mirándolo incrédulo, responde: "¡¿Sacar?!"

La respuesta brevísima a la mayor parte de los problemas que surgen entre las parejas se halla en la moraleja que encierra esta anécdota: es esencial caminar hacia la misma meta.

Tú, el Dinero y yo Formamos un Trío

Quizás sepas cuál es la canción favorita de tu pareja, pero ¿sabes cuánto dinero tiene en su cuenta de jubilación, qué piensa hacer para pagar sus tarjetas de crédito, quién manejará las finanzas del hogar o cuánto puede cada uno de ustedes prestarle a algún amigo sin consultarle al otro? A lo mejor miras hacia el cielo y piensas: "¿Qué tiene todo esto que ver con el amor?" o, "Confío en él plenamente."

Necesitamos hablar.

Nunca me atrevería a dar un sermón sobre cuál es la mejor fórmula para lograr un matrimonio perfecto, pero si se toma en cuenta que la causa de más de la mitad de los divorcios es la presión financiera, no es una impertinencia de mi parte pensar que si estableces una relación sabiendo cómo manejar, respetar y administrar el dinero de ambos, tendrás mejor oportunidad de llegar en armonía a tus bodas de oro. El dinero puede ser un tema muy delicado cuando se trata del amor, pero para asegurar su felicidad futura una pareja tiene que superar la incomodidad que puede causarle discutir temas de finanzas. En otras palabras, si existe buena comunicación entre tú y tu pareja, puede que esa habilidad conlleve una franqueza que se aplique a las cuestiones financieras y, además, a otros temas importantes en la relación.

Hasta ahora, he ofrecido en este libro algunas sugerencias sobre cómo intensificar los rasgos de tu propia personalidad que te pueden ayudar a lograr tus metas. Conocer y apreciar tus instintos naturales, y saber qué es lo que te impulsa o te impide tomar decisiones financieras, te ayudará a tener mejor control de tu vida. Vas a ver que tus debilidades pierden ímpetu tan pronto te vuelves consciente de ellas y de cómo pueden menoscabar tus metas. Quizás entonces sientas que tienes tal control de tu vida financiera, que empieces a atreverte a ir más allá de tus límites naturales y tomes prestado, ocasionalmente, características de otros tipos de personalidad, nomás para ver cómo te sientes. Pues mejor para ti.

Antes de hablar con tu pareja sobre lo que el dinero significa para ti, es imprescindible que cada uno de ustedes por separado sepa cómo se sienten con respecto a ganar, ahorrar, gastar e invertir dinero; solamente así podrán dar el siguiente paso, que es combinar sus personalidades y crear una identidad nueva donde ambos tengan voz y donde ninguno de los dos se sienta opacado. Es aquí donde las cosas se ponen interesantes.

La mitología griega cuenta la historia de un brillante escultor llamado Pigmalión, que estaba cada vez más decepcionado de las mujeres. El talentoso artista decidió esculpir una estatua que representaría a su compañera ideal. El resultado final fue una figura tan perfecta que el artista se enamoró perdidamente de ella; pero, como sucede con frecuencia en la mitología griega, los problemas de Pigmalión comenzaron poco tiempo después, cuando su fría y exánime, pero perfecta, obra de arte no le reciprocó el amor que él malgastaba en ella. Por mucho que deseaba recibir amor y atención de su adorada Galatea—pues ese fue el nombre que le dio—no podía cambiar las cualidades originales de la estatua, y su bella diosa permaneció inmóvil e incapaz de ofrecerle lo que él buscaba desesperadamente.

Esta historia encierra una gran lección. Puedes enamorarte de alguien completamente diferente a ti porque te

Enséñame el Tuyo y yo te Enseño el Mío

Los polos opuestos ciertamente se atraen. Pero para evitar un choque por cuestiones de dinero en tu propia casa ten cuidado con las tres principales señales de conflictos financieros en tu relación:

1. Tú y tu pareja no han hablado de sus metas, expectativas, prioridades o preferencias comunes con respecto al manejo del dinero (recuerda la historia del piano).

2. Cada uno de ustedes tiene una filosofía diferente ante el dinero, lo cual no es un problema en sí, pero sí se puede convertir en un lío si no saben manejar las discrepancias.

3. Uno de los dos piensa que es superior y quiere controlar al otro mediante el dinero.

atraen las diferencias que existen entre ambos, pero si piensas que cambiar las cosas que te molestan de esa persona va a ser una labor insignificante y que podrás crear tu pareja perfecta, te equivocas. Muchas veces, precisamente las mismas cosas que te atraían durante el noviazgo resultan ser la causa de problemas en el matrimonio.

Por ejemplo, durante el noviazgo a lo mejor encontrabas sumamente romántico que tu novio te colmara de regalos espléndidos, sin pensar dos veces dónde consiguió el dinero, pero una vez casados y con cuenta de cheques a nombre de los dos, probablemente te molesten esos gastos extravagantes y te hagan sentir que no tienes control sobre tus finanzas, sin mencionar las finanzas futuras de ambos. Aunque tú misma seas una Botarate, las estadísticas demuestran que con el paso del tiempo uno de los dos se convertirá en tacaño.

> *Cuando a Billy Graham le preguntaron cuál era su secreto en el amor luego de cincuenta y cuatro años de matrimonio con su esposa, Ruth, dijo: "Es que somos felizmente incompatibles."*

Lo que Sucede Ahora

Aunque no hay una línea definida de demarcación en el manejo del dinero según los diferentes tipos de personalidad que hemos cubierto en este libro, puede que te identifiques con uno o más de los rasgos naturales de cada temperamento dentro de una relación, las cuales presento a continuación. La siguiente lista te ayudará a entender las tendencias naturales de tu pareja, y a cómo conversar sobre el dinero de un modo que te permita sacarle provecho a la inclinación natural de tu pareja. Trata de ver cuántas de las siguientes características ilustran cómo se comunican tú o tu pareja.

Impulsiva—Si eres de personalidad Impulsiva, tu actitud hacia las relaciones es más bien tradicional. La seguridad y la posición social que ofrece el matrimonio representan una forma más de demostrar tu valor como ser humano que se merece el amor. Como pareja, tiendes a ser leal, fiable y trabajadora, y provees una base sólida para crear una familia. La confianza es muy importante para ti.

Debido a que asocias el dinero con poder y prestigio, ese es un tema que puede provocar en ti reacciones fuertes y dar pie a conversaciones muy emotivas.

No quieres depender de nadie cuando se trata de tu dinero, y te resulta importante ser autosuficiente y tener la capacidad de poder tomar decisiones a la hora de gastarlo. Te vas a sentir mejor si gozas de cierta autonomía.

Tu pareja al menos debe preguntarte tu opinión antes de decidirse a comprar algo muy costoso. Aunque decidas no involucrarte en la decisión, el que te consultó te hará sentir valorada y estarás menos propensa a oponerte exageradamente.

Cuando aprendas a ampliar tus horizontes a la hora de invertir y desarrolles tu panorama de forma que compres acciones o fondos mutuos y no solo te dediques a ahorrar, los comentarios de tu pareja y sus palabras de aliento te servirán para aumentar tu confianza en ti mismo. Los comentarios negativos pueden atrasarte y hacerte perder mucho terreno en el plano emocional.

Buenazo—Tu personalidad de Buenazo te impulsa a buscar una alma gemela, no tan solo una pareja. Tienes imaginación, eres susceptible emocionalmente y sientes una enorme curiosidad por la vida y el amor. Eres un romántico incurable y puedes caer en la trampa de evitar discutir sobre el dinero hasta que la situación se ponga tan deplorable que te obligue a tomar acción. Te gusta omitir los temas triviales y reflexionar sobre las cuestiones en un nivel más profundo, y prefieres temas que te conecten emotivamente a otros. Como eres muy sensible a los sentimientos de los que te rodean, puedes resultar muy susceptible al humor de tu cónyuge. Es importante que tu pareja entienda esto y esté dispuesta a explicarte detalladamente lo que la motivó a actuar, para así lograr que des en el blanco cuando trates de averiguar el porqué de las cosas. En cuestiones de dinero, es mejor que tu pareja empiece por el final, es decir, el panorama en general. Por ejemplo, vas a estar más receptivo si tu pareja te dice: "¡Vayámonos juntos a ese albergue que nos gusta tanto! Podemos marcharnos el fin de semana que viene con el reembolso que recibimos de los impuestos," o "¿Te gustaría ir a algún lugar cálido este invierno?" Es decir, es indispensable que crees una imagen mental antes de empezar a hablar sobre el reembolso que recibirán y esforzarte en planear algo juntos.

En vista de que tienen que engatusarte antes de tratar temas de dinero, un tema que consideras frívolo, una buena forma de empezar la conversación sería, "Me pregunto si podremos…" y entonces plantear el tema, ya sea, "…pagarle a nuestros hijos esa universidad cara," o "…poder dejar de trabajar a los cincuenta y cinco." Tienes que entusiasmarte con el proyecto antes de entrar en detalles.

Sabelotodo—Si eres un Sabelotodo, eres intrínsecamente bastante escéptico y ambicioso. Puedes lucir recio y frío a veces, cuando en realidad lo que sucede es que tratas de equilibrar tu vida amorosa y tu vida profesional. Por lo general, buscas a alguien que además de amar, puedas admirar. No es extraño que, a pesar de los fuertes lazos que te unen a tu pareja, haya que recordarte que dejes el libro o la computadora y compartas con la familia.

Cuando te enfrentas a una pareja muy sensible, tienes la tendencia a esperar calladamente hasta que las cosas se calmen, algo que puede acalorar aun más la situación si tu pareja es un Buenazo, una Impulsiva o un Botarate, personalidades que necesitan hacerse oír y sentirse validadas.

En vista de que las emociones añaden detalles que pueden dejarte un poco perplejo, la mejor manera de comunicarse contigo es que tu pareja te presente los hechos claramente y que se mantenga en el tema de una forma simple y directa. Tu mente funciona mejor si va de lo parcial a lo total. En vez de presentar la situación de un golpe al principio de la conversación, a tu pareja le será más fácil explicarte el problema si comienza con la pieza más pequeña del rompecabezas. Por ejemplo, "¿Recuerdas el reembolso que recibimos por los impuestos? ¿Qué te parece si lo usamos este fin de semana para darnos un viajecito? Los dos lo necesitamos."

Lo más inteligente que puede hacer tu pareja es encontrar una razón práctica con la cual justificar una compra o inversión, ya que para ti resulta más importante entender la utilidad real de algo que sus posibilidades futuras. Después que tu pareja termine de exponer su punto, tu costumbre es hacer muchas preguntas que pudieran interpretarse como señal de que no estás convencido, cuando en realidad preguntas simplemente por satisfacer tu curiosidad natural.

Botarate—Tu optimismo es una de tus cualidades más atractivas. Eres espontáneo, generoso y emanas una sensualidad juguetona que tu pareja encuentra muy atrayente. Aportas a la relación un sentido de diversión y entusiasmo. Vives con estilo. Si eres extrovertido probablemente disfrutes las fiestas grandes con muchos amigos, comida y bulla. Si eres introvertido, a lo mejor prefieres un entorno tranquilo, pero aun así tienes un brillo juguetón en la mirada y puedes ser bastante travieso.

La vida junto a ti puede ir de un extremo al otro, ya que vives tanto en el presente que a veces no puedes cumplir con las metas financieras que un matrimonio necesita para prosperar. Necesitas mucha libertad y espacio para respirar. Esto quiere decir que tu pareja debe ser tolerante con tus juguetes, tus herramientas y tus aventuras. Por eso, una relación a largo plazo no se te hace fácil.

Si te comprometes seriamente con alguien, puede que

desees complacer a tu pareja, y por eso le prometes cambiar, asumir un nuevo papel, algo que quizás funcionará durante un corto tiempo, pero que al final no durará, a pesar del esfuerzo que hagas. Los presupuestos, las metas a largo plazo y hasta la palabra "mañana" son conceptos ajenos para ti, por lo que tu pareja debe tener mucho cuidado y no usar términos que te parezcan absurdos. Más bien, exprésate en términos de "deseos" y no—¡horror!—de "metas."

Eres excelente para las cuestiones de dinero, siempre y cuando el tema se mantenga en el presente. Aunque prefieres no ocuparte del presupuesto diario, necesitas que se te consulte y, en particular, necesitas tener autonomía con respecto al dinero, ya que para ti el dinero está fuertemente relacionado al amor. Si no tienes dinero es como si no tuvieras amor, algo que te puede deprimir y hasta enfermarte.

Pero tampoco eres ningún tonto. Tu capacidad para comunicarte e inspirar hace de ti un buen candidato para las ventas de bienes raíces, acciones o incluso seguros. Tú eres el verdadero productor en la relación, aunque tus hábitos financieros se enfocan en el día de hoy, a expensas de lo que puedas necesitar mañana. Siempre y cuando el plan conlleve diversión y alegría, estarás dispuesto a compartir con tu pareja, así que será mejor reclutarte desde ese ángulo. Sin embargo, lo más probable es que te olvidarás del plan, a no ser que sea un proyecto de corto plazo para ambos.

Agarrado-Miedoso—Te gusta la rutina y cumples con

los horarios. Prefieres lo conocido antes que salir en busca de nuevos horizontes, y "riesgo" es una mala palabra de la que tratas de mantenerte alejado a todo costo. Esto hace que seas un compañero que actúa como jefe a la hora de manejar el dinero, y resulta difícil pedirte dinero prestado. Si algún familiar o tu mismo cónyuge lo intentan, mejor que estén preparados para explicar *para qué* lo necesitan, y la explicación tiene que ser lógica, no conmovedora.

Tu presupuesto y tus proyecciones te mantienen fuera de peligro y dentro de un nivel en que te sientes seguro, de modo que cuando ves un costo inesperado puede que hagas comentarios que pueden crear roce con tus familiares, como, por ejemplo: "Gastaste más dinero de la cuenta esta semana, ¿qué demonios te pasó?" Realmente, todo lo que querías decir era que el gasto excedió la cantidad específica que tú le habías asignado en el presupuesto, no que has juzgado mal a la persona a la cual te dirigiste. Cuando hablen de dinero, mantén la conversación ligera.

¿Cuál Es tu Puntuación?

Ahora que ya han visto cómo comunicarse en una forma positiva sobre temas de dinero según el tipo de personalidad en cuestión, usen la siguiente prueba para identificar las áreas que tú y tu pareja deben tomar en cuenta. Respondan a cada pregunta individualmente y luego comparen sus respuestas.

Marca tu respuesta para cada una de las siguientes afirmaciones:

1. Mi pareja (o yo) maneja el dinero conforme a los planes que hemos formulado juntos.

   Sí   No

2. Mi pareja y yo dividimos nuestras responsabilidades monetarias según nuestra capacidad.

   Sí   No

3. Sé cómo es la personalidad de mi pareja con respecto al dinero.

   Sí   No

4. Mi pareja y yo sabemos cuánto dinero tenemos y cuánto dinero debemos.

   Sí   No

5. El dinero es solo un tema más de conversación entre mi pareja y yo.

   Sí   No

Tus respuestas a estas afirmaciones te darán la oportunidad de dialogar con tu pareja sobre el dinero y saber cuál es el papel que cada uno de ustedes juega en las cuestiones financieras. Una vez que conozcas cuál es tu personalidad financiera y cuál la de tu pareja, aprendan a comunicarse con eficacia y a hablarse en términos que sean fáciles de procesar según su estilo natural. Define tus metas y comenzarás a convertir la frustración en compresión y la comprensión en opciones nuevas y productivas.

En el Futuro

Tiene perfecto sentido pensar que si no sabes adónde te diriges, nunca vas a llegar, ¿no es cierto? Pero en realidad, ¿cómo saber manejar una lista de gustos y preferencias que parece tan abrumadora? Déjenme ayudarles, como individuos y como pareja, a identificar una lista de control que identificará el proceso y les ofrecerá otra oportunidad de interactuar el uno con el otro de una forma positiva sobre un futuro financiero en pareja.

¿Recuerdan la historia del piano al comienzo de este capítulo? He aquí los pasos para que tú y tu pareja empujen el piano en la misma dirección:

1. Haz una lista de diez cosas que quisieras lograr por separado. Pueden estar relacionadas a tu carrera, tus ingresos, tu hogar, entretenimientos, viajes, tu retiro, la educación de tus hijos, actividades comunitarias, una relación o tu salud. Siéntete libre de incluir lo físico, lo mental y lo espiritual.

2. Una vez que tengas esta lista de diez deseos, clasifícalos según el orden de importancia, del uno al diez, donde uno es el más importante para ti. Usa esta escala: los puntos uno, dos y tres son necesidades más que deseos; el cuatro y el cinco son cosas que quisieras lograr, pero que son más una opción que una necesidad; del seis al diez son aquellos puntos que representan cosas que quisieras lograr si te fuera posible.

3. Ahora anota cuánto tiempo estás dispuesto a esperar para lograr cada uno de ellos.

4. Después, pon un signo de dinero ($) al lado de cada punto que cuesta dinero y un corazón (♥) al lado de los que te harían sentir bien, pero que no cuestan dinero.

5. Ahora, intercambia la lista con tu pareja.

6. Repasa la lista de tu pareja y escoge dos puntos que estarías dispuesto a ayudarle a conseguir. Tu pareja debe hacer lo mismo.

7. Se han comunicado a sí mismos dos puntos de suma importancia para cada uno de ustedes, y han identificado cuatro puntos que se comprometen a lograr como pareja. Shhhh, no se lo digan a nadie, pero se las han ingeniado para escoger ocho metas que quieren lograr individualmente o en conjunto. Han ganado la mitad de la batalla.

8. La lista es un trabajo en curso, así que reúnanse con regularidad o pregúntense si necesitan ajustarla en

caso de encontrar que tomarán decisiones que interfieran con las metas que se han fijado. Pueden hacerle cambios a la lista o cambiar el nivel de importancia de los puntos. Lo importante es que ajustarán sus metas comunes y los dos participarán en el proceso. Este sencillo ejercicio evitará muchos desacuerdos. El propósito al hacer esta lista es aclarar tu mente con respecto a lo que es verdaderamente importante para ti y desarrollar un plan de trabajo en conjunto.

Repasa tu lista. Cuando tomas en cuenta tus metas imprescindibles, ¿qué tienen en común?, ¿satisfacción? ¿Libertad? ¿Seguridad? ¿Posición? ¿Y tu pareja? Estas son emociones muy poderosas que deben reconocerse. No se maltraten por cuenta de ellas. Acéptenlas y manténgalas a raya para que pierdan importancia en la relación. De la única forma que puedes desarmar ese mecanismo inconsciente que puede socavar tu relación es estar al tanto de tus creencias subconscientes sobre el dinero.

> *"Tengo vacíos, tú tienes vacíos; llenaremos nuestros vacíos mutuamente."*
> —*Rocky*

¡Felicidades! ¡Han empezado a mover el piano en la misma dirección!

Pon tú el Concreto,
que yo Pongo el Acero

Puede que esto no te parezca una combinación muy romántica, pero muchas cosas buenas se pueden decir de la relación entre estos dos materiales. El concreto tiene una alta capacidad de compresión, lo cual en un lenguaje más accesible quiere decir que puede soportar mucho peso sin quebrantarse. Sin embargo, si tomas un bloque de concreto largo y lo golpeas con una herramienta pesada, se rompería.

El acero, por otra parte, es altamente flexible y fuerte. De modo que si pones una varilla larga de acero sobre una abertura y la golpeas con la misma herramienta que usaste para dañar el concreto, la varilla de acero, o bien se dobla, o bien recobra su forma original, pero no se rompería. Pero, ¿podrás parar una varilla de acero de punta y lograr que aguante algo muy pesado? Lo más probable es que se doble y no pueda sostener el peso sin ceder.

Cada uno de estos componentes por separado comparte un punto fuerte y uno débil, pero he aquí lo interesante: cuando combinas el acero y el concreto, el resultado es el concreto armado, una combinación sumamente resistente. El resultado de esta feliz unión es un material mucho más fuerte que el concreto o el acero por separado. El producto final tiene la fortaleza de ambos y ninguna de sus flaquezas.

Una unión romántica puede funcionar de la misma manera. Si cada uno es consciente de sus propios puntos fuertes y débiles, puede trabajar en conjunto con su pareja para verdaderamente *unir fuerzas,* algo que naturalmente sacará partido a sus puntos fuertes. Algo así como uno más uno igual a once, no a dos.

La forma de manejar los problemas de dinero de la mayor parte de las parejas es no hacer nada al respecto, y terminan convirtiendo el tema en un arma para conquistar o manipular al otro. En esos casos, todo el mundo pierde. Rompe tú el patrón y no actúes en forma automática. Puede que pienses que el resto del mundo comparte el secreto de cómo manejar las cosas debidamente. Bueno, si es así, te voy a liberar para que te forjes tu propio camino.

Cuando se trata de dinero, no hay una forma correcta o incorrecta de hacer las cosas. Como el matrimonio es un deporte en equipo, la meta final es hacer lo que les haga sentir bien a los dos: si sientes necesidad de tener autonomía, háblalo con tu pareja y mantengan tres cuentas bancarias, la "tuya, la mía y la de nosotros," independientemente de cómo lo hayan hecho tus padres. Puedes lograrlo si sumas tus gastos mensuales y depositas esa misma cantidad, y un poquito más, en la cuenta en común, y pones el resto en tu cuenta personal. Si no puedes decidir qué hacer con el dinero de la jubilación, cada uno deberá abrir una cuenta de retiro personal y hacer de esto un juego para ver quién deposita más con su estilo particular de ahorro.

Si a ti no te gusta correr riesgos, mientras que a tu pareja le gusta invertir en la bolsa de valores, acuerden usar el 10 por ciento de una cuenta e invertirlo más agresivamente. He aquí un sistema infalible creado por una pareja que, sencillamente, era incapaz de controlar sus gastos. Me contaron que lo llamaban la "regla de la media hora" y funciona así:

1. Dividían sus sueldos netos entre cuarenta para calcular el sueldo neto que percibían por hora.
2. Luego, destinaban el equivalente de media hora de su salario diario a su cuenta de jubilación, media hora del salario a pagar deudas y media hora para una cuenta de emergencia. Esto sumaba siete horas y media a la semana.
3. Después que pagaban sus gastos mensuales, se daban los gustos que deseaban. Dividir el dinero en incrementos de treinta minutos le permitió a esta pareja aprender a administrarse y adoptar un plan por el cual regirse. Sus ahorros aumentaron y su deuda disminuyó... junto con sus discusiones por cuestiones de dinero.

El plan me pareció brillante, sobre todo porque a *ellos* su plan les parecía brillante. Siguieron usando ese modelo independientemente de cuánto ganaran a la semana.

Deja a un lado tus ansias de control con respecto al dinero. Asume la responsabilidad de tu propia felicidad y moldea tu temperamento y el de tu pareja. No esperes que

> "Si la hierba luce más verde al otro lado de la cerca, es porque la han cuidado mejor."
> —Cecil Selig

tu cónyuge lea tu mente. Dile lo que necesitas oír y cómo debe decírtelo. ¡Diviértete al hacerlo y toma las cosas a la ligera!

A fin de cuentas, ¿sabes lo que han demostrado los estudios sobre los hombres, las mujeres y el dinero? Que los hombres y las mujeres estuvieron de acuerdo en algo: que preferían que su pareja pasara más tiempo con ellos, no que gastaran más dinero en ellos. ¡Imagínate!

Una Última Nota Acerca de...
El Dinero y la Pareja

Todo lo que pueda decirse en relación a una pareja, a su crecimiento, a la posibilidad que tenga de superar todos los avatares que se crucen en su camino estará, siempre e indefectiblemente, basado en el amor que tenga y exprese cada uno de sus integrantes por el otro. Sin él, no hay posibilidad alguna de llevar a una pareja por el maravilloso camino de la felicidad y la plenitud.

No permitas que la rutina se adueñe de sus días, ya que constituye uno de los venenos más letales para cualquier pareja. Vuelve a preguntarte periódicamente: "¿Elijo hoy casarme contigo?" y estate alerta a la respuesta. Cuanto antes puedas darte cuenta de que algo no anda bien que funcionaba hasta poco tiempo atrás, mayores serán las probabilidades de revertirlo.

Tan importante como aquella pregunta resulta esta otra: "¿Si viviera conmigo, querría quedarme?" Pregúntatelo de vez en cuando y responde honestamente.

Redescubre con el paso de los años aquellas cosas que tanto disfrutaban siendo novios. Una flor sin motivo aparente, una cena a la luz de las velas, una escapada de fin de semana. Pocas medicinas preventivas resultan tan efectivas para una pareja como un par de días solos, sin hijos ni diarios ni papeles ni llamadas de trabajo.

No le temas a las crisis. Las crisis traen cambios y

cuando se atraviesa un cambio se crece, se aprende y se sale fortalecido. Pero además de no temerlas, enfréntalas junto a tu pareja con respeto, con amor, haciendo todo lo que esté a su alcance. Abran sus oídos, su mente y sus corazones para comprender, sinceramente, lo que le está ocurriendo al otro, para llegar a percibir lo que está sintiendo. Una pareja que no atraviese una tempestad cada tanto corre mucho más riesgo de sucumbir de aburrimiento y parálisis, que aquella que pueda enfrentarla con valentía y atravesarla con amor, respeto y mucho cuidado.

Reconocer que resolver un conflicto a solas no será posible es tan fundamental como poder pedir ayuda a tiempo. Cuanto antes puedas darte cuenta y actuar, mejor.

Respetar las necesidades individuales sin alejarse inadvertidamente de la felicidad de estar juntos es uno de los mayores desafíos para cualquier pareja. Comprende su necesidad y date cuenta de que si la lleva a cabo sin culpas y con tu apoyo, su realización individual enriquecerá a la pareja. Deja de lado tu egoísmo y verás cómo se potencian el uno con el otro en una espiral ascendente. Una vez que ambos comprenden y aceptan la necesidad del otro, el crecimiento de ambos en todos los aspectos de la vida se dará de manera natural y explosiva. Una actitud semejante les permitirá estar juntos, pero no pegoteados, y seguir juntos al estar separados.

Una pareja que se convierte en una suma de dos individuos sin intereses ni objetivos en común puede convertirse en algo frustrante, angustiante y desolador. Lo mismo sucede cuando las individualidades se confunden tanto que resulta imposible diferenciarse. Anímate a buscar, encontrar y mantener el equilibrio.

Pase lo que pase, si en lo más profundo de tu ser sigues sintiendo que el amor por tu pareja sigue vivo, si percibes que la llama aún brilla, sigue intentándolo. ¡No te des por vencido!

9

EL DINERO
Y LA
EDAD

"Desde que nace hasta los dieciocho, una chica necesita buenos padres.

De los dieciocho a los treinta y cinco, necesita lucir bien.

De los treinta y cinco a los cincuenta y cinco, necesita una buena personalidad.

Y de los cincuenta y cinco en adelante, lo que necesita es dinero."

—Sophie Tucker

Matías miró a su esposa, que estaba al otro lado de la mesa de la cocina. Nena daba forma a unas croquetas mientras se reía de una broma que su hija, Elisa, había hecho a costa de los clientes de su negocio de comidas a domicilio. El corazón de Matías desbordaba de amor y felicidad, ya que hoy día amaba a su bella esposa más que cuando se habían casado.

Pero, ¡Dios mío, que acabada se veía últimamente! ¡Las arrugas que se le hacían al reírse! ¡Las patas de gallo! Matías bajó la vista para observar sus propias manos, con las que rellenaba pasteles de crema, y se rió también, pero de sí mismo. Por supuesto que reconocía estas manos, pero ¿cuándo rayos fue que se arrugaron tanto, cuándo adquirirán ese aspecto de papel crepé tan común en los *viejos*? Matías sacudió la cabeza y se respondió a sí mismo: "Muy pronto, seguramente que muy pronto."

A su vez, Nena observó a su apuesto esposo. ¡Ay, no, otra vez estaba hablando con el postre! Matías no era un hombre tan viejo, claro que no; pero entonces, ¿por qué ya presentaba a su edad rasgos de demencia? El comportamiento de él la hacía sentir vieja a Nena, ya que ella era la que le llevaba varios meses de edad. Dentro de tres semanas tendría que hacer de tripas corazón y aceptar que había cumplido (¡que horror!) cincuenta años. ¡Y ese viejo medio trastornado que hablaba con los pasteles de crema seguiría con cuarenta y nueve años durante un tiempo más!

Nena sabía que tenía miedo a envejecer; la edad tenía tantas cosas de las que asustarse. No eran solo las canas y los sostenes para senos flácidos, sino también el creciente terror a los problemas financieros que asomaban en el horizonte. Ambos tenían un negocio de comidas a domicilio bastante próspero, los dos trabajaban como esclavos y siempre habían sido bastante ahorrativos, pero sucesos recientes habían provocado que les salieran más canas y que ella tuviera que comprar sostenes más fuertes. Porque, eso sí, ¡todo se les estaba cayendo! Nena no sabía si gastar más dinero en cubrir las necesidades cada vez mayores de sus ancianos padres y la mamá de Matías, o en complacer las exigencias típicas de una hija adolescente.

El padre de Matías había muerto hacía cinco años, y desde entonces su mamá vivía sola en otra zona del país donde vivía el hermano de Matías. Era una mujer que todavía estaba activa en su iglesia y frecuentemente viajaba con otras señoras de la parroquia. La anciana recibía una pensión de la empresa donde había trabajado, y también la jubilación de su fallecido esposo.

Por otra parte, los padres de Nena habían vivido con ella y Matías desde que su papá había sufrido una apoplejía que lo había dejado inhabilitado para valerse por sí mismo. La mamá de Nena estaba siempre en el hogar junto

a su esposo, y habían contratado a una enfermera que visi-
taba la casa a diario para ayudar al padre. El ingreso mensual de los ancianos lo componía el cheque del Seguro
Social y una pequeña pensión que él recibía. Las ganancias que obtuvieron cuando vendieron la casa donde vivían
les dio un poco de dinero adicional que los ayudó a pagar
los gastos de los cuidados de salud.

Aunque Nena y Matías habían establecido hacía años
un fondo universitario, un *college fund,* para Elisita, se habían visto forzados en más de una ocasión a dejar de depositar dinero en él—a pesar de que se habían comprometido
a hacerlo de manera regular—debido a que frecuentemente
estaban cortos de dinero. Como, por ejemplo, cuando tuvieron que comprar esa cama especial para el padre de
Nena que le haría más fácil acostarse y levantarse, y también cuando tuvieron que ampliar las puertas para que pasara la silla de ruedas del señor.

Aparte del impacto emocional de ver envejecer a sus
padres, los problemas financieros de Nena y Matías van
más allá de la necesidad que tienen de invertir para su propia jubilación. Aunque confían en que están preparados
para enfrentar eventos imprevistos, como enfermedad o
muerte, con suficiente cobertura de seguros de vida y de
salud, a ambos les preocupa mucho la posibilidad de que
uno de ellos tenga que sufrir una larga convalecencia, lo
cual traería como resultado no solo una crisis en el ingreso familiar, sino también aún mayores consecuencias
emocionales y financieras para las que no estaban listos.

¿Cómo es que Todo Puede Complicarse Tanto?

Este es un caso típico de buenas noticias y malas noticias. La buena noticia es que hoy día se espera que un jubilado de sesenta y cinco años viva de dieciséis a diecinueve años más. La mala noticia es que en esos años no siempre se gana mucho dinero ni se goza de buena salud. Por desgracia, las noticias no son mejores para la sociedad en su conjunto. En los próximos treinta años, la cantidad de estadounidenses de edad avanzada seguirá creciendo a un ritmo acelerado. En 2000, 4.2 millones de estadounidenses tenían ochenta y cinco años de edad o más. Para 2030, casi nueve millones de personas en los Estados Unidos superarán esa edad.

Ante esta realidad que se nos avecina, es obvio que nuestra planificación financiera necesita incluir estrategias para la atención de nuestros padres. A esto hay que agregar la responsabilidad de planificar nuestras propias necesidades futuras, para así poder tener acceso a los servicios que necesitaremos para mantener nuestra dignidad y autonomía cuando lleguemos a viejos.

Un Ejercicio Mental

Mientras tratan de averiguar qué tipo de carrera le conviene más a un estudiante, los consejeros de las escuelas superiores a menudo les preguntan a los jóvenes adultos qué harían durante todo el día si no tuvieran que trabajar por el resto de sus vidas. Tú tienes la oportunidad de reinventarte luego de la jubilación. Dedica algunas horas a imaginar nuevas situaciones para ti y a considerar algunas ideas; esto contribuirá a guiarte hacia las metas financieras que necesitas establecer.

Redefine la Palabra "Jubilación"

Cuándo lees las palabras "jubilación" o "retiro," ¿en qué piensas? Para mí, esto quería decir dejar de trabajar para siempre y empezar unas vacaciones que durarían el resto de mi vida. Aparte de la idea, bastante atractiva, de que puedo quedarme en casa durmiendo todos los días si me viene en gana, mi concepto de lo que es realmente la jubilación se hace bastante nebuloso. ¿Lograré vivir feliz para siempre? ¿Me obligarán a irme de pesca? ¿Qué pasa si no quiero cuidar a los nietos todas las tardes? Nunca he sido muy aficionada a las mecedoras. Entonces, ¿en qué consiste el retiro en la actualidad? ¿Y qué tiene que decir mi personalidad financiera sobre ese tema? De todos los capítulos de este libro, este es el que menos tiene que ver con tu personalidad financiera. Lo que decidas hacer durante la última etapa de tu vida es un asunto de personalidad; dar hoy día los pasos necesarios para asegurar que puedes contar más adelante con el dinero que te hará falta, es un asunto universal.

La visión moderna de la jubilación es diferente de la que tenían nuestros padres y abuelos. Muchas de las personas que se acercan ahora a la edad del retiro planean seguir trabajando. Muchos administradores exitosos se convierten en asesores o empleados por contrato y realizan su trabajo en un horario flexible que se acomoda a sus nuevos estilos de vida. Es decir, que el nuevo jubilado no está necesariamente a la búsqueda de un tranquilo rinconcito donde envejecer; lo que quiere es un ambiente que le brinda un estímulo espiritual y físico, y donde puede hacer una contribución importante. Hay estudios que muestran que los jubilados que siguen trabajando o haciendo tareas voluntarias, o las personas que demoran el momento de la jubilación, se sienten más realizadas en esa etapa de sus vidas. Viven más que aquellos de sus contemporáneos que prefieren celebrar su retiro de la fuerza laboral encendiendo sus televisores y esperando calladamente la jubilación definitiva de la vida.

El hecho de que habrá menos trabajadores jóvenes que sustituirán a los jubilados—debido a un descenso de la población—significa que existirán más oportunidades de empleo para los jubilados de avanzada edad. Entonces, digamos que en vez de hablar de retiro, yo te pidiera que hicieras planes para cuando seas una persona mayor, para cuando llegue el momento en que, tal vez por primera vez en toda tu existencia, seas dueño absoluto de tu vida. ¿Te parece que eso es más importante? A mí, sin duda, me parece que sí... y también a muchísimas otras personas...

No te Pongas Viejo, sino Mejor

Si bien los llamados *baby boomers* (aquellos que nacieron entre 1946 y 1964) ya van llegando a los sesenta con ganas de sentarse y descansar un poco, lo más probable es que se acomoden en una moto Harley y no en una silla de ruedas. Estos bebés nacidos al final de la Segunda Guerra Mundial representan alrededor de un tercio de la población de Estados Unidos, y su renuencia a apagarse calladamente en sus años otoñales está dándole un nuevo sentido al concepto de "vejez."

Ante esta realidad, hay que preguntarse: ¿qué deberías estar haciendo *hoy* para prepararte práctica, física, psicológica y financieramente para el futuro? ¿Cómo ayuda o dificulta tu temperamento a que te prepares para una edad dorada llena de experiencias relevantes y satisfactorias?

El Instituto de Investigación de Beneficios para los Empleados *(Employee Benefit Research Institute* o EBRI) halló que tu personalidad financiera y tu actitud hacia los ahorros financieros y de jubilación pueden afectar de manera directa la forma en que te preparas para enfrentar tu tercera edad. Mira de qué manera:

Impulsiva—Su temperamento la impulsa a "hacer cosas" y, por eso, considera que manejar el dinero es tener la libertad de hacer lo que dé más placer en ese momento y lo que impresione más a los demás. Este tipo de personalidad tiene tácticas excelentes, entiende de inmediato una situación y puede tomar decisiones al instante para lograr un propósito limitado y de corto alcance. Esto no resulta muy útil cuando se piensa a largo plazo.

La personalidad Impulsiva tiene la habilidad de hacer los ajustes financieros correctos para lidiar con circunstancias imprevistas. Es decir, que si tiene el dinero, se lo gasta, y si no lo tiene, busca la manera de obtenerlo. Este tipo de personalidad es incapaz de saber cuánto dinero ha acumulado en una cuenta de jubilación. Su atareado estilo de vida y su falta de interés en las finanzas implica que su planificación para el futuro sea algo que no se toma en serio, que siempre deja "para más adelante..." y que nunca lleva a cabo. Puede que utilice sus irregulares ahorros para financiar una oportunidad que se presente o una compra caprichosa, en vez de emplearlo en un plan de acción económica bien pensado. De todos modos, cree que siempre tendrá tiempo, cuando llegue a vieja o viejo, de arreglar este asunto.

Buenazo—Posee un temperamento "inspirador." Su manejo del dinero tiene como objetivo cultivar sus relaciones, desarrollarse como persona y ayudar a que los demás realicen todo su potencial. En lo que se refiere a sus planes de jubilación, son intrínsecamente altruistas y están dispuestos a hacer considerables sacrificios para contribuir al bien de los demás—una cualidad que, al final, demuestra ser una desventaja cuando se trata de planear su independencia financiera durante su vejez.

Debido a que padecen de un sentimiento de apatía generalizada con relación al dinero, casi siempre tienen una endeble base financiera y están mal preparados para el futuro. Normalmente, no les interesa acumular riquezas. El dinero solo les interesa si va de acuerdo con sus conceptos éticos personales, con sus normas morales y con sus ideales. Al Buenazo le parece que no tiene sentido hacer un plan de jubilación debido a que, de todos modos, queda todavía mucho tiempo para ese momento.

Sabelotodo—Este temperamento quiere siempre "lograr algo." Para él o ella, el manejo del dinero consiste en adquirir las habilidades necesarias para entender, explicar, predecir y controlar su vida—algo muy práctico, si fuera posible realizar todas estas cosas sin una máquina del tiempo o un adivino. Es un gran estratega y crea excelentes planes a largo plazo. No es sorprendente, por tanto, que esta personalidad tenga más posibilidades de tener dinero ahorrado para cuando le llegue la hora de retirarse.

De todas las personalidades financieras, los Sabelotodos son los que más dinero acumulan y los que pueden retirarse a más temprana edad. Su orientación innata hacia el futuro y su habilidad de ver las situaciones con una visión totalizadora hacen que se interesen enormemente en las tareas de planificación. Sin embargo, algunos estudios señalan que de lo único que se arrepienten los Sabelotodos cuando les llega el momento de la jubilación, es de no haber comenzado a invertir antes y tomar más riesgos.

Botarate—Este tipo de temperamento es casi siempre impulsivo, arriesgado y demasiado optimista. Tiende a tomar riesgos financieros que pueden impulsar o destruir sus oportunidades de acumular una considerable cantidad de dinero. Un Botarate (y los hay de ambos sexos) prefiere confiar en sus instintos en lugar de sentirse limitado por minuciosos planes financieros acerca del futuro, o por los estados de cuentas con respecto a su presente situación económica. Prefiere perder dinero que desaprovechar una oportunidad de ganar más. ¿Cuál es la actitud del Botarate respecto a su jubilación?: "¿Quién tiene dinero para invertir en el retiro? ¡A duras penas podré pagar mis deudas este mes! El Seguro Social me ayudará." Buena suerte... ¡porque la vas a necesitar!

Agarrado-Miedoso—Este tipo de personalidad por lo general no se prepara para un retiro agradable; lo que hace, por el contrario, es prepararse para emergencias, para cuando llegue el momento en que ya no pueda trabajar y ganar un sueldo. Su objetivo es "conservar" el dinero. Ha preparado planes de contingencia para el futuro "por si algo sucede." Su interés principal es asegurarse de que administra bien su dinero mediante gastos frugales, ahorros, reducción de las deudas al mínimo y preparándose ante cualquier posible desgracia que le depare el futuro. Para un Agarrado-Miedoso la protección de la familia es esencial, así que casi siempre tiene cobertura de seguro.

Este tipo de personalidad establece objetivos de jubilación muy definidos y los elabora metódicamente con gran disciplina. Para él o ella, dinero equivale a seguridad, paz mental, comodidad (sin lujos) y una sensación de bienestar. Quiere estar listo por si se presenta un contratiempo. Un Agarrado-Miedoso necesita tener ahorrada una gran cantidad de dinero porque, mientras más bajo sea el rendimiento de sus ahorros, más lo afectan los impuestos y la inflación. Esta personalidad confía en el Seguro Social y en su propia habilidad para reducir su nivel de vida durante su jubilación y así controlar sus gastos y sobrevivir.

Todo lo que Necesito Saber (Sobre la Jubilación) lo Aprendí de Pequeña Viendo *La chicas doradas de la TV*

La Impulsiva: Blanche Devereaux. Es la típica Impulsiva que compra una casa que no puede costear y por eso se ve obligada a tomar inquilinas. ¡Gracias a eso tuvimos *Chicas Doradas* durante ocho años! El lema de Blanche es que siempre hay vida luego de la muerte del esposo... sobre todo si esa vida viene en el cuerpo de otro hombre.

La Buenaza: Rose Nylund. Cree en la honestidad, en el amor, en sus amigas y, sobre todo, en el poder que tiene un pastel de queso para resolver todos los problemas del mundo. Nos enseña que no tenemos que temer a la vejez, siempre y cuando sigamos siendo auténticos. Especialmente si, como la propia Rose, somos unas chifladas adorables.

La Agarrada-Miedosa: Dorothy Zbornak. ¿De qué otra manera podríamos explicar las zapatillas sin tacón, los vestidos anticuados, y su buen sentido previsor ante todos los asuntos? Dorothy nos enseña a ser listas, a estar en guardia contra las complicaciones... sobre todo los líos en que la mete la Botarate de su madre, Sofía.

La Botarate: Sofía Petrillo. ¿Pasar sus últimos años en el asilo? ¡Jamás! Esta sabia anciana puede parecer delicada, pero tiene un poderoso apetito por la vida. Sofía—a quien le encanta derrochar el dinero que logra sacarle a Dorothy a duras penas—le muestra al mundo que hay que respetar a los miembros más antiguos de nuestra comunidad, sobre todo a aquellos que consideran la vejez como una segunda juventud.

El Sabelotodo: Stan Zbornak. El ex de Dorothy siempre está buscando modos de manipular a las cuatro amigas, en cuya casa se aparece frecuentemente con negocios sospechosos, planes a medio hacer y un montón de indecisiones con respecto al dinero. Lo único que nos puede enseñar Stan no tiene que ver con el dinero: ¡los calvos no deben usar peluca!

¿Estás en Buen Camino Hacia
tu Jubilación?

Durante mis muchos años de práctica, he tenido que atajar a algunos inversionistas mayores de edad—casi siempre Impulsivos o Botarates—para que no arriesguen su dinero de manera demasiado agresiva cuando se dan cuenta, próximos ya al retiro, de que lo que habían ahorrado no es suficiente. Se ven en la desesperada misión de tratar de compensar el tiempo y el dinero desaprovechado. Los que se las arreglaron para apartar cantidades más sustanciales para la jubilación, también se preocupan de que ese dinero se les acabe antes de morir.

 Errores más comunes cometidos por las personas cuyos ahorros para la jubilación no alcanzan para lo que necesitarán después que se retiren:

1. Comenzar demasiado tarde.

2. No saber cuánto dinero necesitarán durante los años de jubilación.

3. Falta de conocimiento de las opciones de inversión.

4. Quedarse demasiado tiempo con inversiones que pierden dinero.

He aquí un test sencillo que te ayudará a evaluar si estás bien preparado para tu años de jubilación.

Marca "Sí" o "No" en cada una de las siguientes afirmaciones:

1. Mi plan de jubilación incluye inversiones que irán al ritmo de la inflación y que son apropiadas para mi nivel impositivo.

   Sí   No

2. Me considero que soy más un inversionista que una persona que ahorra.

   Sí   No

3. Sé cuál es la cantidad mensual que necesitaré para poder dejar de trabajar y seguir disfrutando de la vida.

   Sí   No

4. De acuerdo con el rendimiento de mis inversiones, sé cuánto dinero necesito invertir mensualmente para alcanzar mi meta de jubilación.

   Sí   No

5. Al buscar protección para mi familia en caso de muerte o incapacidad, he dado los pasos necesarios para planificar mi retiro.

   Sí   No

Si contestaste "Sí" a tres o más afirmaciones, estás bien encaminado para "comprar" la libertad, la dignidad y las opciones que vienen con la edad. Si respondiste "No" a tres o más afirmaciones, te recomiendo sinceramente que comiences a trazarte un plan y a seguirlo hoy mismo. Déjame ayudarte a hacerlo.

Receta para una Tercera Edad Exitosa

El hecho de que tu tipo de personalidad tienda a posponer la planificación de la jubilación, o la ignore por completo, no es excusa para que tú tengas que obedecer la tradición. Puedes apagar el piloto automático e interceptar tus tendencias negativas mediante el plan sencillo y bastante simple que te doy a continuación.

He aquí una guía que te ayudará a lo largo del camino:

Pídele una declaración de beneficios al Seguro Social. Aunque no sé con certeza cuáles serán tus beneficios de Seguro Social cuando te jubiles, te conviene averiguar si cumples con los requisitos mínimos para comenzar a recibir un cheque mensual cuando te llegue la edad de retirarte. A lo largo de tus años laborales, y según tus ingresos, recibes créditos para tu ingreso de jubilación. Cada año tienes derecho a recibir un máximo de cuatro créditos. Necesitas un mínimo de cuarenta créditos para cualificar para un cheque del Seguro Social. En el sitio Web www.ssa.gov puedes solicitar un historial de tus ingresos y una estimación de cuánto, en impuestos de Seguro Social, pagaron tú y tu empresa. En ese sitio también podrás llenar un formulario en línea para recibir una estimación de los beneficios para los que tú y tu familia pudieran ser elegibles ahora y en el futuro.

Ten clara la cantidad de dinero que necesitarás durante el retiro —Para calcular cuánto ingreso necesitarás mensualmente durante tus años de jubilación, comienza por hacer hoy mismo una lista de tus gastos mensuales. Luego tacha los que no crees que vayas a tener durante el retiro (podrían ser gastos de transporte, pagos de hipoteca, etc.).

Si quieres tener una idea de cuánto dinero adicional necesitarás ahorrar en el futuro, puedes usar la regla general que ofrecen muchos planificadores financieros: $300,000 en el banco por cada $1,000 de ingreso mensual que necesites. Esta cantidad supone que recibes un rendimiento del 4 por ciento sobre tu dinero y que no tocas la cantidad principal, sino solo el interés.

Sin embargo, no hay nada de malo en usar tus propios fondos si estos te duran tanto como te haga falta. Podrías usar parte de esos $300,000 que tienes en la cuenta, además del interés que produce el dinero. Solo necesitas ser consciente de cuánto te durará tu dinero según la cantidad que extraigas. He aquí una ingeniosa tabla que te mostrará cómo funciona eso.

Supongamos que tienes esos $300,000 en una cuenta en la que ganan un 4 por ciento al año. El interés será $12,000

¿Cuántos Años te Durará tu Dinero?

Porcentaje de tu cuenta que necesitarás por año	Rendimiento anual de tu cuenta							
	4%	5%	6%	7%	8%	9%	10%	11%
5%	41 años							
6%	28	36 años						
7%	21	25	33 años					
8%	17	20	23	30 años				
9%	15	16	18	22	28 años			
10%	13	14	15	17	20	26 años		
11%	11	12	13	15	16	19	24 años	
12%	10	11	12	13	14	16	18	23 años

($300,000 x 4 por ciento). ¿Me sigues? Como $12,000 es el interés que recibes al año, divide esa cantidad entre 12 y obtendrás el interés mensual; en este caso, te da $1,000.

Debido a que extraes la misma cantidad que el interés que gana tu cuenta, los $300,000 se quedan allí, intactos, sin aumentar ni bajar.

Pero, ¿qué pasaría si en vez de $1,000 al mes, quisieras recibir $1,250 ($15,000 al año) de esa cuenta que aún gana el 4 por ciento de tus $300,000? Recuerda que tu cuenta aún produce $12,000 al año. Quince mil dólares anuales representarían $3,000 más de lo que produce tu interés, así que el dinero tiene que salir de los $300,000. ¿No es cierto?

Sé que ya estás indignado y que me vas a preguntar: "¿Quiere decir que voy a disminuir la base de mis ahorros?" Sí, eso es, porque fíjate en que $15,000 representan el 5 por ciento de $300,000 (todo lo que hice fue dividir $15,000 entre $300,000). Mira la tabla anterior y busca el 5 por ciento en la columna de la izquierda. Después busca el 4 por ciento en la fila superior (ese es el interés ganado). El cuadrito donde se encuentran los dos números es la cantidad de años que tu cuenta te durará si extraes el 5 por ciento mientras ganas solo el 4 por ciento. En este caso, la respuesta es 41 años. Eso significa que, si comienzas a extraer $1,250 al mes ($15,000 al año) cuando tengas sesenta años, ¡recibirás tu último cheque de $1,250 a los ciento un años de edad!

¡Ahora veamos si deseas recibir más! Si quisieras que tu cuenta te durara hasta los setenta y cinco años, y comienzas a usar el dinero a los sesenta, ¿puedes calcular cuánto puedes extraer cada mes si sigues ganando el 4 por ciento? Te diré ahora: si el dinero tuviera que durarte 15 años (75 menos 60), busca la columna del 4 por ciento y localiza el cuadrito que dice "15 años." Mira ahora hacia la izquierda de la misma fila. ¿Qué número ves? Deberías ver 9 por ciento. Entonces, $300,000 por 9 por ciento equivale a $27,000. Esa es la cantidad que podrías extraer al año. Para obtener la respuesta a mi pregunta, divide $27,000 entre 12. La cantidad final es un cheque de $2,250. Si fue esa la cifra que obtuviste, ¡felicidades!

¡Pero, espera! ¿Qué te parece si puedes obtener más del 4 por ciento en tu cuenta? En ese caso, ¿cuánto te duraría el dinero? Si pudieras ganar 8 por ciento sobre tus $300,000, tu dinero te brindaría $27,000 al año durante 28 años. Espero que entiendas que al ajustar las ganancias de tu cuenta, no solo puedes recibir un mayor ingreso, sino también extender el período de tiempo durante el que puedes contar con ese ingreso. Por esto es que vale la pena aprender a invertir.

Lo esencial es esto: si no tienes una meta financiera, estás expuesto a ser víctima de algunos problemas típicos de la vejez y de las fallas de tu propio temperamento. Si te quedaste pasmado durante el ejercicio anterior y tuviste que ir a tomarte una buena taza de café para poder seguir, entonces busca un planificador financiero que pueda llevar a cabo todo el trabajo de ajustar tus cifras. Sin embargo, no importa quién te ayude con esos detalles que detestas, recuerda que lo que está en juego aquí es *tu vida, tu dinero y tu tiempo*. Si le dices al planificador la cantidad de dinero que necesitarás al mes (o al año), ahora y durante la jubilación, tendrás mejores posibilidades de alcanzar esa meta y de controlar tu propio destino con la dignidad que te mereces.

Pero mi trabajo, que es prepararte para una jubilación libre de preocupaciones financieras, no se ha terminado aún.

Hasta ahora, hemos dado los primeros pasos para brindarte un buen ingreso. Hay otros tres asuntos que tienes que discutir y decidir mientras tienes tiempo todavía de considerar tus opciones.

Seguro de vida—El primero es el seguro de vida. "¡Uuuy!" dices como si te hubiera pisado un pie. Sí, lo sé, este tema nunca es de los que prefieres hablar, pero, ¿has pensado qué le pasaría a tu familia si tú o tu cónyuge murieran? ¿Tendrían que vender tu hogar, dejar de asistir a la escuela y trabajar o hacer algo peor para cubrir sus gastos? ¿Tienes un hijo incapacitado o un padre anciano que dependen de tu ayuda financiera para cubrir todas sus necesidades?

Cuando compras un seguro de vida, lo que compras es, básicamente, el tiempo que necesitas para acumular bienes. Maravilloso si ya has implementado un plan financiero basado en metas definidas, el cual piensas alcanzar a determinada edad, pero, ¿quién te garantiza que tú vas a estar presente para verlo realizarse hasta el final y rendir sus frutos? Una póliza de seguro de vida puede darle a tu familia la seguridad de saber que estarán protegidos si tú mueres antes de lograr tus metas financieras.

Existen muchos tipos de pólizas de seguro de vida, y aunque en este libro no podemos entrar a explicarlas, te recomiendo firmemente que consultes al agente de seguros de tu familia o a tu planificador financiero acerca de las opciones que se ajustan mejor a tus necesidades específicas.

Considera una póliza de seguro para cuidado a largo plazo—Mientras aumenta asombrosamente la expectativa de vida del ser humano, el hecho de que ahora lleguemos con relativa facilidad a los ochenta o noventa indica la necesidad práctica de considerar la ayuda que requeriremos en el futuro para llevar a cabo actividades diarias como bañarnos, caminar, alimentarnos, etc.

A medida que los *"baby boomers"* han ido envejeciendo, ha surgido la tendencia de considerar que la mejor opción para los ancianos no son los fríos y truculentos asilos (aunque hay muchos de gran calidad), sino un estilo de vida donde las personas de la tercera edad residan en una atmósfera comunitaria con mayor calidad de vida. Ya se trate de instalaciones donde se proporcione asistencia para la vida diaria o de comunidades de retiro que hagan participar a los ancianos en actividades de motivación mental y emocional o hasta servicios de asistencia en el propio hogar, lo cierto es que en años futuros se verán más productos y servicios dirigidos a satisfacer las necesidades de las grandes masas de personas de edad avanzada. Las comidas que se entregan a domicilio y la asistencia de enfermería o de ayuda para actividades diarias en el hogar aumentarán, y—junto con todos los cuidados de salud en general—se espera que también suba el precio de todos estos servicios.

Si tienes ahorros considerables, puedes darte el lujo de pagarle a todo un ejército para que se ocupe de tu seguridad, tu salud y tu bienestar; pero si eres como la inmensa mayoría de las personas que vive en los Estados Unidos, en un nivel entre la pobreza y la riqueza extrema, es esencial que consideres una póliza de seguro para cuidado a largo plazo *(long-term care insurance policy)* que cubra el costo de mantenerte independiente durante tu vejez.

Tu agente de seguros también puede mostrarte las opciones disponibles para ti en la zona donde vives. Asegúrate de ocuparte de este asunto como parte de tu plan de jubilación.

Ocúpate de lo que dejarás. Y ahora, vamos a hablar de tu patrimonio, es decir, de lo que dejarás a tus herederos. "¡¿Mi qué?! ¡Ay, por favor, ya quisiera yo! ¡Pero si yo no tengo nada que dejar!" Esta es la divertida respuesta que casi siempre me dan mis clientes. Bueno, no vayas tan rápido, mi amigo. Si posees o debes algo, tú tienes un patrimonio y tienes que ocuparte de él a menos que quieras que el gobierno lo haga por ti.

Por lo menos tienes que pensar en hacer un testamento o un fideicomiso, en el cual darás instrucciones sobre cómo quieres que se distribuyan tus bienes. Puede ser algo muy corto, hasta una sola frase, o tan complicado como un manual de cien páginas. Quizás tus bienes no tengan un gran valor monetario, pero créeme, le ahorrarás muchísimo su-frimiento a quienes te sobrevivan si dejas instrucciones precisas sobre lo que deseas que se haga. He visto cómo las propiedades y el dinero ganado con gran esfuerzo por una persona que no se preparó, han ido a parar a manos del segundo esposo de su nuera. Tú puedes evitar estos conflictos y la caótica situación que puede producirse entre los miembros de una familia y los amigos si te ocupas ahora de unos cuantos detalles sencillos.

> *"Vive bien y con integridad. Así, cuando seas viejo y te acuerdes del pasado, podrás disfrutar tu vida una vez más."*
> —Dalai Lama

Poder Legal—También necesitas dedicarle tu atención a otro documento que dará acceso legal a las cuentas y a la información financiera en esas cuentas que están solo a tu nombre. A esto se le llama Poder Legal (en inglés, *Power of Attorney*). Este documento designa a la persona que administra y decide todo sobre tus cuentas personales, tales como los IRA, los 401(k) y cualquier otro tipo de valor que esté a tu nombre.

Directiva del Cuidado de la Salud—Y finalmente, tienes que decidir quién ocupará tu lugar como tu representante legal para llevar a cabo las instrucciones que has dado acerca del cuidado de tu salud, y para tomar las decisiones médicas necesarias, en caso de que tú no estés en condiciones de hacerlo por ti mismo. Este es el propósito de lo que se llama en inglés *Health Care Directive*.

Si tienes padres ancianos, asegúrate de hablar también con ellos acerca de esto. Hallarás que ellos, a su vez, se han preocupado por el asunto, y que les resulta más fácil que a ti tratar el tema.

Mirar al Futuro, No al Pasado

Los ahorros que has acumulado para tu jubilación representan muchísimo más que un registro financiero de cuánto dinero tienes y de qué ganancias o pérdidas han logrado tus inversiones a lo largo de los años. Esos ahorros son el símbolo de tu paz mental, un importante recordatorio de tu habilidad de envejecer con dignidad, sin ser una carga para nadie.

Tus años dorados consisten en algo más que "conservar" lo que ya tienes. Esa etapa te da la oportunidad de participar en lo que realmente importa: tu misión en la vida. Es la oportunidad de retribuir todas las bendiciones que has recibido y, al continuar tu contribución a la sociedad, creces más.

El dinero no da la felicidad. Puede que no te compre salud, pero sí te compra alternativas. No dejes que nadie te convenza de lo contrario. Para tus años dorados te has ganado el derecho de darte gustos y has adquirido la sabiduría de no juzgar a los demás. Con un par de dólares en el bolsillo, tus años de madurez podrían ser los más satisfactorios de tu vida. Independientemente de cuál sea tu tipo de personalidad, la planificación prudente y sabia de tus años futuros puede convertirse en un componente armonioso de tu vida en el presente. Todo lo que necesitas es estar dispuesto a reconocer todas las situaciones posibles, con la confianza de que sucederá lo mejor, sin dejar de prepararte para lo inesperado.

Las
Realidades

10

EL MIEDO
A TRIUNFAR

*"Si quieres tener éxito, no te lo propongas como una
meta; sencillamente, haz lo que te gusta y el éxito
llegará de forma natural."*
                                            —*David Frost*

Por tercera vez ese mes, el esposo de María tuvo que despertarla. De nuevo, al tomar conciencia, se vio de pie ante el tocador, con la mirada fija en la gaveta abierta. Eran las tres de la mañana.

María sacudió la cabeza con incredulidad y se volvió para mirar a su marido, quien la contemplaba desde la cama con expresión confundida y preocupada. María se sentía avergonzada por estos incidentes de sonambulismo, por los extraños sueños que los provocaban, poco típicos en una persona tan optimista como María.

Siempre empezaban de la misma forma: ella estaba en una habitación de su casa, haciendo algo que no podía describir exactamente, cuando oía una voz angustiada que venía de otra parte de la vivienda. Se apresuraba hasta el lugar de donde provenían los sonidos y, cuando entraba al cuarto, lo veía: una muñeca rubia, metida en la gaveta superior del tocador con una soga alrededor del cuello, medio muerta, y quien solo podía dar un grito ahogado que le ponía a María la piel de gallina. En su sueño, ella corría hacia la muñeca y la sacaba con ambas manos, tratando desesperadamente de desatar la soga, pero no lo conseguía. Entonces María se ponía a sollozar, intentando torpemente de salvar a la muñeca. En ese momento, escuchaba la voz de su esposo, que la llamaba por su nombre, cada vez más cerca. María se despertaba, toda temblorosa, no muy convencida todavía de que lo que había experimentado era tan solo un sueño.

Lentamente y sintiendo angustiadamente cómo su corazón latía apresuradamente en su pecho, María regresó junto a su esposo. "¿Otro sueño?," le preguntó él, evidentemente preocupado. "Sí, debe ser algo que comí," respondió ella. Y entonces se daban otro beso de buenas noches y trataban de aprovechar las últimas horas de sueño antes de que llegara el momento de levantarse y comenzar el nuevo día.

María era una exitosa planificadora financiera. Ella y Ben, su esposo, dirigían una próspera empresa de planificación de jubilación desde su casa en California. Luego de más de diez años de matrimonio, un bello hogar y una familia saludable y feliz, María y Ben estaban empezando a ver el fruto de sus enormes esfuerzos. Ninguno de los dos venía de una familia adinerada. Se habían conocido cuando ambos trabajaban para la misma compañía, y pronto se dieron cuenta de que los dos sentían la misma pasión por sus carreras... y también el uno por el otro. Al poco tiempo enlazaron sus vidas personales y profesionales y establecieron juntos un negocio propio.

Ben era el principal sostén de la familia, mientras que María usaba sus excelentes dotes de administradora. Se complementaban mutuamente de tal manera que lograron un gran éxito en su negocio en muy poco tiempo. Al cabo de unos meses, sus tareas profesionales habían comenzado a invertirse. Para poder ampliar los servicios que ofrecían, María había comenzado a ofrecer seminarios gratis de planificación financiera para mujeres en las bibliotecas y escuelas de su ciudad. En los encuentros—breves, concisos y divertidos—ella les enseñaba a las asistentes a resolver problemas financieros muy concretos: cómo escoger el mejor fondo para un plan de jubilación, o cómo descubrir y comprar una buena acción.

En pocos meses, las reuniones se hicieron enormemente populares y las asistentes pedían más. Así fue que María empezó a ayudar a aquellas que estaban interesadas en formar clubes de inversión, donde podían comenzar a practicar con muy poco dinero las habilidades recién aprendidas en un ambiente social agradable. No había pasado mucho tiempo cuando una reportera asistió a una de las reuniones y se quedó asombrada de la actitud tan entusiasta de las participantes; la mujer escribió un artículo muy elogioso en el periódico. Ese artículo cambió la vida de María para siempre.

María se quedó pasmada con lo rápido de su éxito. De todos los rincones del país le pedían que fuera a dar conferencias, le ofrecieron escribir un libro, grabar un piloto para la televisión, y, muy pronto, María se convirtió en el centro de atención que no había pensado ser. Todo era muy emocionante... y la asustaba terriblemente.

Se dio cuenta de que su vida personal también estaba cambiando. A medida que su fama crecía, comenzó a viajar por las noches a las estaciones de televisión. Ben se quedaba en casa, ocupándose del negocio y de su hijo. Las tensiones comenzaron a surgir mientras la pareja se esforzaba en redefinir sus papeles tanto en el hogar como en el trabajo. Alguien estaba poniendo en peligro la vida familiar. ¿Valía la pena? ¿Y qué tenía que ver este espeluznante sueño con todo eso?

¿A Quién de Ustedes le Sucede lo Mismo que a María?

Bueno, María soy yo, y esta es mi historia.

Poco después de esos desagradables incidentes, fui a un psicólogo para tratar de entender qué me estaba pasando. Sabía que algo me molestaba, pero ¿qué era? Tenía un matrimonio feliz, adoraba a mi familia y mi trabajo. ¿Cómo era posible que no pudiera disfrutar de esta aventura?

Ya había conocido el fracaso—la mayoría de nosotros lo ha experimentado, de un modo u otro. Y en términos generales, no me asustaba. Yo no era de esas personas que se amedrentan ante la posibilidad de no tener éxito. De hecho, yo ni sabía qué era lo que trataba de lograr. ¡Y esa fue la primera pista! Me di cuenta de que no me atemorizaba enfrentarme al futuro. ¡Pero estaba muerta de miedo de tener que enfrentarme al presente!

Realmente, la muñequita también era yo, llorando de miedo de que no me oyeran, de ahogarme metida en esa gaveta. Sentía temor de que ya no me quisieran, de quebrar reglas de conducta de las que no se habla. Me aterrorizaba pensar que me dejaran atrás mientras yo corría hacia adelante. ¿Te parece una locura? A mí también me parecía... hasta que lo entendí.

Ya antes me había sentido así.

Cuando estaba en la universidad, tenía un trabajo de medio tiempo como maestra ayudante en una escuela primaria. Estaba en mi último año y me faltaba solo un semestre para recibir mi Credencial de Maestra de Primaria cuando me asignaron a esa escuela como parte de mi trabajo de estudiante. Fui allí a impartir clases durante unas cuantas semanas, bajo la supervisión directa de una "maestra superior" del aula. Se supone que con la enseñanza de los estudiantes practiques todas las lecciones teóricas que has aprendido, un período de aprendizaje en el cual tienes la posibilidad de poner a prueba lo que has aprendido, desde la planificación de lecciones y los medios visuales hasta el control real de la clase, la enseñanza de las lecciones y los métodos para evaluar los resultados. Todo aquello me asustaba.

Desde que tuve uso de razón deseaba ser maestra, pero ahora que me quedaba solo unos meses para llegar a mi meta, no quería seguir. Busqué todo tipo de excusas de por qué debería meterme en los negocios, en contabilidad o en algo relacionado con el mundo empresarial. Mi familia, mis consejeros universitarios y hasta yo misma nos quedamos desconcertados ante mis nuevas ideas.

Hablé con la maestra con la que trabajaba acerca de mis planes de abandonar el campo educativo. Me dijo que estaba muy sorprendida de oírme decir eso, sobre todo porque veía que a mí realmente me gustaba estar rodeada de niños. Me miró a los ojos y me preguntó: "¿A qué le temes?"

La pregunta me tomó completamente por sorpresa, y casi sin pensarlo le contesté: "Tengo miedo de enseñar." A lo cual ella respondió con toda tranquilidad, "Julie, tienes que ir al sitio donde más temes ir." Y al decir eso, tomó el silbato y llamó a la clase, que estaba en la hora de Educación Física, para que se pusieran en fila. No hubo discusiones, sino tan solo una frase sencilla que no he olvidado jamás. Me quedé, terminé mi período como ayudante de maestra con excelentes calificaciones y me convertí en maestra de primaria el mismo año en que me gradué. Y adoré mi trabajo.

Ahora habían regresado los mismos sentimientos de ineptitud y esta vez regresaron con ganas. ¿Por qué parecía que yo quería sabotearme justo en el momento en que tenía el pie en la puerta a través de la cual llegaría a un sitio fascinante y donde podría tener la oportunidad de seguir creciendo? ¿Por qué estaba tan asustada?

> *"El fracaso es un tramposo con un agudo sentido de ironía y de malicia. Disfruta muchísimo hacerte tropezar cuando el éxito está casi a tu alcance."*
> —*Napoleon Hill*

231

¿Qué es el Miedo al Éxito?

La mayoría de ustedes conoce el miedo al fracaso: mirar al futuro con un temor que proviene de tu pasado. Es como conducir mientras se mira por el espejo retrovisor. *El miedo al fracaso es el miedo a no alcanzar tus metas y, debido a eso, ser infeliz.*

No es fácil superar el miedo al fracaso. Las personas que lo logran son capaces de preguntarse con honestidad, "¿Qué es lo peor que me pudiera pasar?;" entonces examinan mentalmente esa situación y se dan cuenta poco a poco de que si lo peor fuera a suceder, no sería el fin del mundo, y, a partir de ahí pueden seguir adelante sin temor.

> *"La vida se encoge o se expande en la misma medida que nuestro coraje."*
> —Anaïs Nin

El miedo al éxito, por lo contrario, proviene de imaginarse qué pasará cuando penetres en el territorio verdaderamente desconocido del futuro. *El miedo al éxito es el miedo a que alcanzarás tus metas y, a pesar de eso, no dejarás de ser infeliz.* ¡Sin duda que es un temor muy real!

El miedo al éxito está estimulado por temer que te castigarán por violar los estereotipos de tu medio ambiente, tu familia, los papeles tradicionales de tu sexo y las normas establecidas por tu comunidad. Es esa vocecita interior tuya que te pregunta: "¿Y quién te crees *tú* que eres?"

En 1917, Sigmund Freud escribió un ensayo titulado "A los que el éxito destruye." En el ensayo, Freud hablaba acerca de "la sorprendente y siempre desconcertante" tendencia de algunas personas a desmoronarse "precisamente cuando están a punto de alcanzar por fin un profundo y largamente ansiado deseo... como si no fueran capaces de tolerar la felicidad." Parece, según dijo Freud y muchísimos otros psicoanalistas, que tenemos la tendencia a "arrancar la derrota de las garras de la victoria."

Parece tonto, ¿verdad? Después de todo, si te encuentras en el otro lado de la cerca, mirando al éxito, te preguntarías cómo es posible que alguien pudiera temer a una experiencia tan positiva como el éxito.

¿Cuál es tu Secreto?

Es posible que trates de asirte a una imagen secreta de ti mismo, y la posibilidad de tener que cambiar esa autoimagen—inclusive si es para mejorar—puede despertar en ti sentimientos de temor e insuficiencia. Solo alcanzarás el nivel de éxito que esa imagen tuya pueda absorber. Y a veces eso se demora...

Las raíces de esos sentimientos, según los psicólogos, pueden tener un lejano origen, si durante tu infancia alguien que admirabas o por quien te preocupabas profundamente te convenció de que tú no eras una persona muy inteligente, competente, agradable o que nada de lo que hacías era lo suficientemente bueno. Si eso sucedió, dicen los expertos, te va a dar mucho trabajo creer que *eres* capaz de tener éxito en la vida o, aún más raro, que te lo *mereces*.

En el transcurso del día, emites señales constantes e inconscientes de cómo te ves. Prueba esto: mañana o en los próximos dos días, vigila tu lenguaje. Sobre todo, vigila las palabras que usas para referirte a ti mismo. ¿Cuántas veces en el transcurso del día te menosprecias o te quitas méritos? Lleva la cuenta. Probablemente te sorprenderás de lo mal que te tratas a ti mismo.

¿Sufres del Miedo al Éxito?

Este es un test basado en varios sistemas de evaluación disponibles en el mercado. Tómalo para averiguar si eres tu mejor amigo o tu peor enemigo.

Lee cada una de las siguientes afirmaciones y marca "Sí" o "No" según estés de acuerdo o no con lo que dicen:

1. Con frecuencia veo que no les hablo a los demás de mis éxitos para que no me envidien.

   Sí   No

2. La gente dice que soy inteligente, simpático y capaz, pero yo suelo tener una baja opinión de mí mismo.

   Sí   No

3. Me siento culpable cuando digo "no" a los demás.

   Sí No

4. Cuando parece que todo marcha bien, me asusto, como si esperara que sucediera algo malo.

   Sí No

5. Casi siempre me siento culpable respecto a mi propia felicidad si un/a amigo/a me dice que se siente deprimido/a.

   Sí No

Si respondiste "Sí" a tres o más de las anteriores afirmaciones, puede que todavía ansíes el éxito, a pesar de que quizás ya esté a tu alcance... si eres capaz de dejar de cerrarte tú mismo el camino.

El Éxito Viene Acompañado

Podría parecerte estúpido, al menos superficialmente, pensar que alguien evite a propósito el éxito y tienes razón. El miedo al éxito es a menudo una reacción inconsciente. Puede manifestarse en diferentes formas: una migraña que te obliga a cancelar una cita que habías esperado con ansia; una laringitis antes de una actuación musical o una conferencia; acostarte tarde y agotarte la noche antes de un examen importante u olvidarte de dónde pusiste un documento importantísimo. ¿Te ha sucedido alguna de estas cosas?

Entonces, ¿por qué, consciente o inconscientemente, evitamos algo tan dulce como el éxito? He aquí algunas razones poderosas:

- *Envidia*—El saber que hay alguien que te tiene envidia puede hacerte sentir bastante mal. Si eres más bella, más lista, ganas más dinero o más popular que tus amigos, puede que ellos se resientan contigo y te rechacen. Quizás dejes atrás, simbólica y literalmente, a antiguos compañeros. Muchos se sentirán contentos de tus éxitos, pero otros te tendrán envidia. Lidiar con estas actitudes, sobre todo si se trata de personas a las que quieres, puede ser un proceso desalentador.

- *Enfrentarse a lo desconocido*—Una rutina, aun cuando sea desagradable, al menos puede ser tranquilizadora. El éxito trae cambio, y el cambio significa que hay que ajustarse a nuevas condiciones. Si cambias, todos los que te rodean también necesitan cambiar. La vida puede parecer más sencilla cuando la vives en piloto automático. El cambio trae emocionantes aventuras y posibilidades que asustan.

- *Elevar las expectativas de los demás*—Quizás sientas que la primera vez te saliste con la tuya, pero que tal vez no puedas mantenerte al mismo nivel. Posiblemente no te permites tomar conciencia del crédito que realmente te mereces.

- *Tu propia interpretación negativa de la gente exitosa*—Si piensas que el éxito significa ser más listo, más astuto, más sabio o más "tramposo" que los demás, entonces quizás interpretes el éxito como algo aterrador y negativo.
- *Ser "descubierto"*—Puede que le temas a que otras personas "sepan" que tú eres un "farsante." Esto proviene de tu temor de que tal vez tú no eres tan excelente como creen los demás.

"Nuestro mayor temor no es que seamos incompetentes. Nuestro mayor temor es que seamos más poderosos de la cuenta. Es nuestra luz, no nuestra oscuridad, lo que más nos asusta. Nos preguntamos: '¿Quién soy yo para ser brillante, maravilloso, talentoso, fabuloso?' En realidad, ¿quién eres para no serlo?"
—Marianne Williamson

- *Poca confianza en que puedas mantener tu progreso*— Puede que sientas que todo "puede desaparecer" de un momento a otro y que no podrás sostener el nivel de desempeño que se espera que mantengas.
- *Sentirte egoísta y egocéntrico*—Si te sientes mejor

contigo mismo cuando ayudas a otras personas a lograr sus sueños, en vez de tomar el tiempo que necesitas para lograr los tuyos, te estás engañando a ti mismo. Realmente es un egoísmo de tu parte no tomar el tiempo para cultivar tus verdaderas cualidades junto al resto de la humanidad. El mundo necesita y recompensa a aquellos que tienen el valor de llegar a ser lo que estaban destinados a ser. Hazlo.

Busca tus Verdaderos Motivos

¿Quieres tener éxito? ¿Por qué? Créeme, no es una pregunta tonta. Yo tuve que hacerme a mí misma estas preguntas, y algunas de las respuestas me sorprendieron mucho. Piensa en las estrellas de cine, las personalidades del deporte y otras gentes famosas—no importa cuál sea su nivel de celebridad—quienes parecen tenerlo todo y luego aparecen en la primera plana del periódico por haber hecho algo absolutamente estúpido y con lo que se perjudican a ellos mismos, sus carreras y a sus familias. ¿Por qué razón estas personas "exitosas" lo tiran todo por la borda cuando se suicidan o se convierten en drogadictos o delincuentes? Sus casos son ejemplos típicos de personas cuyas bases, los cimientos sobre los que su vida se ha construido, son defectuosos.

Si quieres tener éxito para "probarle" a tu padre o a tu

madre, para restregárselo a alguien en la nariz, el edificio de cincuenta y dos pisos que estás construyendo tiene los cimientos flojos. Cuando llegues al último piso, te sentirás vacío, insatisfecho y, sencillamente, defraudado. Cuando quieres triunfar para lograr aprobación, elogio o amor, tu motivación es demasiado endeble y el peso de la presión hará que te derrumbes. Es uno de esos casos en que se toca fondo cuando se llega a la cima.

Mira, vamos a hablar bien claro. ¿Qué es lo que el éxito significa para ti? ¿Quiere decir más dinero, más tiempo, más cosas? Segunda pregunta: ¿serías feliz si tuvieras más de cualquiera de esas cosas? ¿Eres feliz ahora?

Te lo voy a decir con todas sus letras: la cosa no es que vas a ser feliz después que tengas éxito. Primero *eres* feliz, y *luego* logras el éxito. Detente un segundo, vuelve atrás y lee de nuevo esa frase. La felicidad viene primero y el éxito viene después.

Y la felicidad viene de adentro. No se trata de un concepto nebuloso; dame la mano y vamos a verlo paso a paso. Hay varios ingredientes esenciales para conseguir que la felicidad y el éxito se integren el uno al otro para mutuo beneficio. Voy a mostrarte los primeros aspectos de mi lista y quizás tú quieras añadir o quitar uno o más componentes para ajustarla a ti. Son los siguientes:

Poder—El poder es la habilidad y la voluntad de actuar: escoger, decidir y actuar en busca del objetivo. Es necesario que te sientas poderoso para sentirte feliz. Si te sientes víctima, como si no tuvieras control sobre tu propia vida, es difícil conseguir la verdadera felicidad, ya que constantemente confías en que sean otros quienes te la aporten. El poder se toma, no se da. Nadie puede quitarte el poder a menos que tú lo entregues. No lo hagas.

Creatividad—La creatividad no la da una etiqueta ni una carrera. La creatividad te estimula a actuar y a pensar libremente, y a que otros también lo hagan. No concibo la felicidad sin la libertad de ser creativo. Esta es la habilidad y la voluntad de arriesgarse a la aventura, inclusive si se fracasa en el trayecto. Para mí, el fracaso es como una señal de PARE en el camino. Significa que debes hacer una pausa, no que te des por vencido. Algunas de las cosas que haces, funcionan y otras no. Haz más de las que funcionan. Es así de sencillo.

Excelencia—Esforzarse por alcanzar la excelencia es una parte vital de la felicidad. Excelencia significa ser lo mejor que uno pueda ser. No implica perfección. De hecho, es todo lo contrario de la perfección. Excelencia significa que el blanco al que apuntas no es el éxito, sino que disfrutas los medios en lugar de concentrarte en el fin. Para ser perfecto, hay que estar en lo correcto, pero para alcanzar la excelencia es necesario que estés dispuesto a equivocarte. La perfección consiste en la meta, pero la excelencia consiste en el viaje hacia esa meta, y si disfrutas del viaje, disfrutarás tu meta. Se trata, realmente, de tomar cada momento y vivirlo a plenitud, mientras se hace algo bueno y valioso, paso a paso. Este proceso diluye el poder de intimidación que la palabra "éxito" pudiera tener sobre ti. Las personas exitosas están tan ocupadas en la búsqueda de la excelencia que no se dan cuenta que han alcanzado el éxito hasta que alguien se los hace notar, pero cuando lo saben no se sienten diferentes. A Albert Einstein le preguntaron en una ocasión cómo podía lidiar con su gran reputación. Su respuesta fue que lo hacía mediante la búsqueda de metas mayores. No se regodeaba en sus éxitos y mantenía su mente involucrada activamente en nuevos retos.

Optimismo—Esto no se trata solamente de un estado mental ni de un enfoque de la vida. Es comprometerse a buscar lo que funciona, hallar lo bueno en una situación y mejorarla basándose en eso. Cuando eres optimista y apasionado, de verdad que te vuelves más ingenioso y creativo.

> *"Comienza por hacer lo que es necesario; luego, haz lo que es posible; y de pronto estarás haciendo lo imposible."*
> —San Francisco de Asís

Lecciones que Aprendí en el Camino

Muchos grandes inventos son realmente el producto de alguien que descompuso algo cuando estaba tratando de hacer otra cosa. Mira el caso de 3-M, por ejemplo. Frustrado porque se le caía constantemente el pedacito de papel con que marcaba el libro de himnos del coro, Art Fry, un investigador de la mencionada compañía, usó un adhesivo que se consideraba un experimento fallido de otro científico de 3-M. De allí nacieron las Post-it Notes, esas notitas de papel que se pegan sobre cualquier superficie, se despegan fácilmente y pueden volver a adherirse de nuevo. En 1981, un año después de su presentación en el mercado, las Post-it Notes fueron nombradas como el Nuevo Producto Destacado de la compañía. Lo que este relato nos enseña es que no hay que desarrollar a la perfección cada detalle desde el comienzo. De hecho, haciendo se aprende. No digo que no debas prepararte, entrenarte y estar alerta, pero cuando la preparación se encuentra con la oportunidad, el proceso comienza a desarrollarse y, con ello, la realización de los sueños que jamás imaginaste que tenías.

Puede suceder de un momento a otro, a veces cuando uno menos se lo espera. Puede ser algo que alguien diga, una idea pasajera, un sentimiento fugaz, hasta un olor. Algo que estimula una reacción plena de determinación que le da sentido a las cosas: de repente, sabes con exactitud cuál es el próximo paso que debes dar. Sigue tu instinto, sigue esa vocecita. Lo más probable es que el camino que tienes ante ti sea la ruta que debes seguir.

Y no pienses que todo va a ser diversión constante. Tu éxito procederá según el precio que estés dispuesto a pagar por él y a los sacrificios que hagas en el camino. ¿Quién te dijo que iba ser fácil? Eso si, te aseguro que valdrá la pena. Tu meta es trabajar muy duro, pero contento. Si lo que haces te apasiona, te divertirás, ganarás dinero y tendrás un impacto positivo en el mundo.

Me han preguntado: "¿Cómo sé qué es lo que verdaderamente me apasiona, cómo sé si siquiera tengo un sueño?" Quizás no lo tengas bien definido, o no sepas cuál es tu sueño, pero es algo que está grabado en tu alma y tienes ayuda para descubrirlo. Tu intuición, tu voz interior, te acompaña en cada etapa del camino, y te da pistas que tú debes descubrir. Hay que prestar atención. Hay que estar alerta.

Cuando sientes temor, puede resultarte difícil tomar decisiones y superar los obstáculos que invariablemente aparecerán en tu camino. No es malo querer más. Establecer metas financieras es un paso saludable y positivo hacia la realización de tus sueños. Pero concentrarte en la brecha que existe entre lo que tienes y lo que deseas, realmente puede detener tu avance. Reconoce el sitio donde te encuentras, aprecia lo que has logrado, pero nunca olvides tus sueños y tus deseos.

> *"El hombre sabio creará más oportunidades de las que se le presentan."*
> —*Francis Bacon*

Celebra tu Personalidad

Cada tipo de personalidad financiera tiene una idea distinta de lo que es el éxito. Lo importante es que sigas tu propia definición de éxito. Si tratas de lograr los sueños de otra persona, estás destinado a fracasar. Reconoce tus puntos débiles sin esconderte tras ellos. El hecho de que seas un lógico Sabelotodo, no significa que deberías menospreciar las emociones. Si te das cuenta de que no te es fácil compenetrarte con los demás, haz un esfuerzo adicional para incorporar a tu vida un poco de empatía por tu prójimo, y esto lo logras si prestas oído a las preocupaciones de los demás. Usa el conocimiento de tus debilidades para conquistarlas y no para que te sirvan de excusa por tu mal comportamiento, pero tampoco las uses para castigarte. Celebrar quién eres y lo que eres hoy te conecta con los buenos sentimientos que te acercan más a lo que deseas.

Si tienes temor al éxito, ¡felicidades! Esto solo sucede cuando estás en el proceso de crear en ti un cambio genuino y de avanzar en la vida. Es decir, ¡estás en buen camino! Siente el miedo, y luego deséchalo. ¡Dentro de poco sustituirás el miedo con el desafío, la duda con la convicción, la preocupación con la acción, la desventaja con el crecimiento, el malestar con el descubrimiento y la falta de motivación con el entusiasmo!

> *"Cuando Dios siembra en un corazón humano un deseo, también le da a esa persona la capacidad para realizarlo."*
> —*Ralph Waldo Emerson*

Cuando te sientas verdaderamente vulnerable al fracaso, cuando los nervios te hagan sentirte inquieto, cuando tus ojos destellen y tu instinto te hable con toda claridad... es entonces cuando tienes el potencial de alcanzar la cima de tu poder.

11
LA PERSONALIDAD DEL MILLONARIO

Tu personalidad es determinante en muchos aspectos, por ejemplo, en la manera de reaccionar en momentos de tensión y situaciones difíciles y la manera de interactuar contigo mismo y con el mundo que te rodea. Al comprender los tipos de personalidad, podrás mejorar tus relaciones personales y tu éxito profesional. Tendrás la oportunidad de valorar rasgos de ti mismo en los que nunca te has fijado.

Con todo, a pesar de que el temperamento viene "de fábrica" con cada persona, el entorno tiene un efecto considerable en la manera de desenvolverse. El conjunto de tus experiencias en la vida, tanto positivas como negativas, y los personajes que han actuado en el drama de tu existencia influyen en las manifestaciones de tu personalidad.

Independientemente de tu tipo de personalidad, sexo, preparación cultural o, incluso, tu edad, puedes aprender a desarrollar tu potencial de grandeza. Así es, sean cuales sean tus tendencias naturales, tu procedencia socioeconómica o tu nivel de educación, puedes utilizar lo que ya sabes sobre ti mismo como base para construir tu futuro, comenzando hoy mismo.

Tu Propia Receta

Supongamos que tienes invitados para cenar y quieres que el plato fuerte sea una elegante paella—ese plato español aderezado con azafrán y en el cual se combinan arroz, vegetales, carne, pollo y mariscos. Comienzas por buscar en Internet la palabra "paella," ¡pero encuentras más de dos millones de referencias y ninguna es igual a la anterior! Entonces, ¿qué hacer? Seguramente leerás varias recetas hasta dar con una que te parezca buena y que puedas adecuar a tu gusto. Quizás selecciones una con ingredientes que ya tienes a mano o que sean fáciles de conseguir. O, por ejemplo, si no te gustan los mariscos, encontrarás recetas para las que solo se necesita carne o pollo. Si eres vegetariano, es muy probable que encuentres alguna receta en la que solo se usen vegetales. Tú decidirás. El resultado final será una paella que no se parecerá a ninguna otra, pues la habrás hecho a tu manera.

Lo mismo se aplica al propósito de alcanzar tus propias metas personales y financieras. Tus rasgos de personalidad son los ingredientes principales para tu receta. Pero no necesariamente hay un solo camino para alcanzar esas metas. Como en el ejemplo de la paella, tienes la opción de añadir o eliminar sabores y texturas. Después de todo, se trata de *tu propia* paella.

Llevemos esto al contexto del dinero. Asumamos que tu meta es hacerte "rico." Dejo que tú mismo decidas lo que significa esa palabra. Se han realizado muchas investigaciones para determinar cuál personalidad encarna la "receta" ideal para alcanzar la prosperidad económica. Lo que se ha concluido es que la clave de la riqueza no es exclusiva de ningún tipo específico de personalidad. Más bien, el camino secreto a la fortuna (y a veces a la fama), lo obtienen quienes han descifrado los códigos de sus propias personalidades y usan su potencial para alcanzar el éxito.

Esto no quiere decir que los ricos y millonarios no tengan puntos débiles, pero han aprendido a ser conscientes de sus rasgos negativos y los utilizan como señales de alerta, para evitar los baches del camino. Seleccionan muy cuidadosamente los ingredientes de su paella.

¿Quieres saber cómo lo han logrado? A continuación verás una lista de los ingredientes comunes que siempre utilizan en sus recetas.

Un vaso mitad lleno—No cabe duda de que los ganadores resaltan lo positivo. En lugar de rendirse cuando tropiezan con obstáculos en su camino, los ven como oportunidades de aprender y crecer. No son críticos consigo mismos cuando cometen un error y usan sus energías para afrontar cada día procurándose los recursos mentales necesarios para lidiar con la adversidad. Son sinceros consigo mismos y aprenden de sus errores. Cuando los cometen, se recuperan rápidamente.

Un plan maestro—Quizás no tengan previsto cada detalle de su futuro, pero sí tienen una idea de los próximos pasos que deben dar. No tienen predeterminado el rumbo que seguirán, sino que lo van conformando sobre la marcha, con perseverancia y resolución.

Un gran deseo de ganar dinero—El dinero representa un verdadero placer para los millonarios. Creen que el universo brinda abundancia para todos y no se sienten culpables de tener más dinero que el resto de la humanidad. Los millonarios que han hecho sus propias fortunas consideran justificada y digna la manera en que usan el dinero. Si tienes la idea de que un millonario es una persona que lo quiere todo para sí sin dejar nada para los demás, definitivamente no estás pensando como ellos.

Creer en la inversión—Los millonarios invierten cada año entre el 15 y el 20 por ciento de sus ingresos totales. Fíjate que digo *invertir,* no *ahorrar.* Los millonarios que han amasado sus propias fortunas suelen invertir de manera más agresiva que los que han heredado su dinero. Saben que el secreto del éxito en la bolsa de valores consiste en ganar más dinero del que pierden.

Un proyecto trascendente—La mentalidad de millonario está orientada a aprovechar sus talentos y su pasión con fines lucrativos. Resulta increíble ver cómo muchas personas intentan hacer fortuna en tierras lejanas y pasan por alto oportunidades obvias de éxito en sus propios ámbitos, haciendo lo que más disfrutan.

Un grupo de amigos incondicionales—Los millonarios se relacionan con personas que creen en ellos. Eso no quiere decir que no interactúen con todo tipo de personas, incluso con personas negativas, pero siempre las mantienen en perspectiva y no permiten que los saboteen.

La certeza de que volverían a empezar desde cero—Los millonarios son personas a quienes les gusta trabajar y confían en su capacidad de ganar dinero. Suelen encontrarse muchos millonarios que han fracasado en negocios anteriores. Para ellos el dinero y el éxito son un proceso que siempre se debe mantener activo, no una reserva bien guardada que se debe proteger.

¿Por qué puede ayudarte a hacerte rico el conocimiento de tus propios rasgos de personalidad y los de las personas que te rodean? Porque te permite darte cuenta de cuáles son las tendencias naturales que te ayudan y cuáles te hacen tropezar.

Por ejemplo, si eres Buenazo, te sentirás excesivamente responsable y leal a tu grupo, incluso en contra de tus propios intereses. En ese caso, debes establecer límites para ti mismo y para los demás en cuanto a tu aporte al equipo. De lo contrario, quizás optes por hacer inversiones que satisfagan las grandes exigencias de tu espíritu pero que no serán de gran rendimiento. Trata de lograr un equilibrio entre estas dos alternativas.

Si eres una persona muy detallista, un Sabelotodo, puedes llegar a perderte en los detalles y pasar por alto los puntos más esenciales. También te puede suceder que tu minuciosidad te deje tan agotado que simplemente quedarás sin energía antes de tomar una decisión que podría traerte muchos dividendos. Puedes establecer una fecha tope y acortar la lista de condiciones para determinar más fácilmente el rumbo que deseas seguir. Ten en cuenta que nunca podrás conocer *todas* las aristas de un asunto determinado.

Tal vez seas una Impulsiva, que es capaz no solo de buscarse la vida, sino de hacerse inmensamente rica por cuenta propia. Pero quizás la idea de seguir sola por el resto de tu vida sea tan abrumadora que, inconscientemente, terminarás por sabotearte a ti misma y quedarte sentada en tu "salón de espera" hasta encontrar al hombre perfecto. En el fondo crees que "necesitas a un hombre para llegar a ser rica" y no te crees capaz de lograrlo por ti misma. Hay una increíble cantidad de mujeres que persisten en esta fantasía autodestructiva a pesar de sus estudios, su preparación y su éxito profesional.

¿Y qué hay de nuestro Botarate optimista? Tu plan de gastos podría alcanzar el equilibrio necesario si simplemente en lugar de decirte: "no estoy ganando lo suficiente" te dijeras: "estoy gastando más de lo que gano." La primera afirmación te hace parecer una víctima de las circunstancias mientras que la segunda te devuelve todo el control de tu libertad.

En realidad, se trata simplemente de tomar las riendas y asumir responsabilidades. Es así de sencillo.

El Violinista

Había una vez, en París, un violinista pobre y fracasado que tocaba su viejo violín en una acera de la ciudad. El desaliñado hombre colocaba su arrugada boina frente a sí, en el suelo, con la esperanza de que los transeúntes se apiadaran de él y le dejaran caer algunas monedas en la maltrecha boina.

El pobre violinista se esforzaba en vano por sacarle una melodía a su desafinado instrumento. En lugar de esto, solo conseguía producir una monótona serie de sonidos chirriantes que parecían salir de la alarma de un automóvil, no de las manos de un músico.

Un día, un violinista talentoso y de renombre pasó junto a él acompañado por un grupo de amigos. Puso cara de espanto ante las sacrílegas notas que producía aquel hombrecillo patético. Echó una mirada a las pocas monedas que había en la boina y pidió al hombre que le alcanzara el violín para afinárselo. Después de afinarlo, con bríos de verdadero maestro, transformó aquel triste artefacto en el mágico instrumento que siempre debió ser. Sus amigos rompieron en aplausos y enseguida un grupo de personas se les acercó para escuchar el inusitado concierto. Poco a poco, la boina fue llenándose no solo de monedas, sino de billetes de toda denominación, mientras el maestro tocaba una melodía tras otra, cada una más hermosa que la anterior.

¡Los ojos del pobre violinista resplandecían! ¡No daba crédito a su suerte! Al ver cómo caía el dinero en su boina, saltaba de alegría y decía a la muchedumbre: "¡Ese es mi violín!" ¡Está tocando mi violín!," lo que desde luego era cierto.

Al igual que todos los seres humanos, has nacido con un violín que representa tu capacidad mental, tu actitud y tu personalidad. Las notas que producirá dependen de ti. Hay quienes optarán por no afinarlo. Tal vez no estés dispuesto a estudiar, aprender y perfeccionar tus habilidades para poder tocarlo como un maestro. Sin embargo, querrás que tu sombrero se llene de dinero aunque toques una melodía disonante.

Tal vez eres de los que creen que el mundo debe darles de qué vivir y que las personas que alcanzan el éxito tienen simplemente buena suerte. Si piensas así, estás muy lejos de la realidad. Quizás creas que conoces bien tus derechos, pero no sientes que los mereces. Otros saben que hay que reconocer tarde o temprano que lo mejor le sucede a quienes, además de afinar su violín, van perfeccionando poco a poco su dominio de este instrumento.

La Mentalidad de Manada

Hasta 1954 existía el consenso generalizado de que ningún ser humano llegaría jamás a correr una milla en menos de cuatro minutos. Casi nadie ponía en duda este dato ampliamente reconocido. Así fue hasta que, el 6 de mayo de ese año, un joven estudiante de medicina logró lo imposible. Roger Bannister corrió una milla en tres minutos, cincuenta y nueve segundos y tres centésimas. Roger rompió más que el récord de la carrera de una milla. Destruyó el mito de que algo así no podía lograrse en la práctica. Desde ese histórico día, se ha roto muchas veces el récord para esa distancia. El récord actual es de poco más de tres minutos, cuarenta y tres segundos, y está en poder del marroquí Hicham El Guerrouj.

¿Cómo pudo romperse un récord que se consideraba insuperable? *Porque alguien creyó que era posible.* Estuvo dispuesto a creer en sí mismo a pesar de la opinión predominante. Y tú, ¿qué crees que puedes lograr? Si no tienes una imagen clara de ello en tu mente, quizás es porque has estado dando vueltas en el mismo lugar, en piloto automático. Ha llegado la hora de que afines tu violín.

¿Te rodeas de personas positivas? ¿Sabes quiénes son tus seguidores más entusiastas? ¿O tienes que dar excusas por tus éxitos para que tus seres queridos no se sientan inferiores? Aunque lo hagas con buenas intenciones, esta es una mala costumbre y una señal de baja autoestima. Tu autoestima se basa en una imagen instantánea que has tomado automáticamente de la persona que crees que eres, partiendo de tus experiencias pasadas. La buena autoestima es el mejor antídoto contra la apatía, la depresión, la impotencia y la dependencia.

Si has ganado partidos de tenis, lo más seguro es que te

guste jugar, lo que a su vez te hará mejor en ese deporte y, a la larga, sentirás que eres un tenista bastante bueno. ¿Has visto cómo se llega a esa conclusión? Si te has dedicado con éxito a las inversiones, lo más probable es que hayas ganado dinero y esto te haya hecho seguir invirtiendo. Así habrás perfeccionado tus habilidades para ganar dinero y te considerarás un buen inversionista. Estas experiencias positivas te ayudarán a mantener a flote tu imagen general de ti mismo, con lo que tendrás dentro de ti un superávit de buena autoestima que vendrá muy bien cuando la vida te presente un débito que te haga perder una parte de tus reservas positivas.

Quizás llegues con retraso a una reunión, se te pinche un neumático en el camino al trabajo o pierdas dinero en la bolsa de valores. Cuando pasan estas cosas, debes echar mano a tus reservas de autoestima. Si la reserva es abundante, te repondrás enseguida. Incluso podrías reformular lo que te ha pasado de tal manera que, en lugar de representar un débito en tu cuenta de autoestima, lo tomes como un crédito.

En cambio, si tu cuenta de autoestima está vacía, podrías verte de pronto en trances en los que tal vez recurrirás a tus instintos más primitivos y arraigados. Ante esas situaciones, en muchos aflorarán la voz crítica interior y los rasgos de personalidad que resultan contraproducentes.

Esa transformación solo tarda fracciones de segundo. Puedes pasar de estar asustado a sentirte poderoso, de estar fuera de control a saber que tú, y solo tú, eres juez y parte

de tu existencia y de tus decisiones. Encuentras un reme-
dio fácil y una sensación de alivio al seguir aplicando los
viejos patrones, incluso si a la larga esto llega a perjudi-
carte. De ahí la cuenta vacía que llevas contigo...

¡Dame Algo de Autoestima!

Nos encontramos nuevamente ante el dilema de las buenas
y malas noticias. La mala noticia es que la autoestima no
puede transferirse de una persona a otra. Sin embargo, tú sí
puedes hacerte de ella. Empieza por pensar en algo que
te haga sentir bien contigo mismo, no importa si es algo
que pasó hace mucho tiempo. Piensa en esto y regálate
una sonrisa. Si no se te ocurre nada, no te preocupes. Puedes tomarlo prestado de otra persona. Esa es la función del
mentor: una persona a quien quieras seguir hasta que llegues a adoptar sus buenas cualidades. ¿No te parece una
buena idea?

Los mentores pueden ser de muy diverso tipo. No es
necesario conocerlos personalmente para recurrir a *su* reserva de autoestima. ¿Te das cuenta de lo que digo? Tu
mentor puede ser un atleta que admiras, uno de tus maestros de primaria, tu padre o tu madre, un tío, un amigo o
incluso un personaje ficticio. Búscate una persona que sea
tu mentora y mantén conversaciones frecuentes con ella.
Cuando tengas un problema o sientas en el estómago la
molesta sensación de que algo no anda bien, o cuando no

sepas qué hacer, acude mentalmente a tu mentor y cuestiónate: "¿cómo reaccionaría esta persona ante esta situación?"

He tenido muchos mentores en mi vida. Uno de ellos fue Don Quijote de La Mancha, alguien que solo existió en la imaginación de Miguel de Cervantes y Saavedra en su imprescindible novela del mismo nombre. Para mí, el Quijote era muy real. De hecho, cuando me sentía triste, asustada o simplemente aburrida, entonaba mentalmente la canción "El Caballero de La Mancha" y de inmediato me sentía animada y revitalizada. Esta canción me permitía aumentar mi reserva de autoestima.

Tienes en tus manos todos los ingredientes necesarios para trazar el rumbo de tu vida. El violín aguarda pacientemente, dentro de ti mismo, a que lo descubras y lo afines.

Espero que me visites en mi sitio de Internet www.julie stav.com y compartas conmigo tus experiencias a medida que vayas descubriendo en ti la obra de arte que indiscutiblemente eres.

AGRADECIMIENTOS

· · · · · · · · · ·

Este libro es una prueba palpable de que los conceptos que trata son realmente universales. Todos los que hemos contribuido a convertirlo en realidad, hemos aportado nuestra propias características personales y la forma en que nos relacionamos al dinero, y al trabajar juntos, también hemos crecido juntos.

Mi más sincero agradecimiento es para Melinda Moore, una joven con un enorme talento para la expresión escrita y la profundidad de carácter de una persona mucho mayor. Gracias, Melinda, por ocuparte de este bebé como si fuera tuyo.

Para René Alegría, quien aportó al tema del dinero y las personalidades su espléndido enfoque, lo que añadió al texto una nueva e interesante dimensión.

Para Gabriel Sandler, quien, desde la lejana ciudad de Buenos Aires, Argentina, ha dado a cada capítulo un broche final íntimo y sutil que encierra la esencia de mi mensaje.

Y para ti, mi lector. Te agradezco que me hayas permitido sentir que mi labor te ha ayudado a darte cuenta de que tu riqueza ya es parte de ti.